La Passion suspendue

Marguerite Duras

La Passion suspendue

Entretiens avec Leopoldina Pallotta della Torre

TRADUIT DE L'ITALIEN ET ANNOTÉ
PAR RENÉ DE CECCATTY

Éditions du Seuil
25, bd Romain-Rolland, Paris XIVᵉ

Titre original: *La Passione sospesa*
Cet ouvrage a paru pour la première fois
en langue italienne aux éditions de La Tartaruga en 1989.

ISBN 978-2-02-109639-2

© Éditions du Seuil, janvier 2013

www.seuil.com

Introduction

J'ai rencontré pour la première fois Marguerite Duras en 1987, peu après la sortie de la traduction italienne des *Yeux bleus, cheveux noirs*. Obtenir cette interview pour *La Stampa* ne fut pas très facile. Dès le départ, pour la convaincre, il a été nécessaire de l'appeler à plusieurs reprises et de parlementer. Elle semblait en proie à une indifférence lasse et, prétextant une grippe et se plaignant d'une surcharge de travail (je sus, plus tard, qu'il s'agissait du scénario de *L'Amant*), elle ne cessait de se dérober. Puis un après-midi, je lui parlai de mon amitié pour Inge Feltrinelli[1]. Elle fut un moment désarçonnée. « Qu'elle m'appelle tout de suite », répliqua-t-elle. J'appelai Inge et la priai de joindre Duras. Une demi-heure plus tard, inexplicablement, j'obtenais mon rendez-vous.

Je me présentai rue Saint-Benoît avec un peu d'avance. Le palier du troisième était exigu et mal éclairé. Je sonnai, mais je dus attendre quelques minutes, avant qu'une voix masculine, derrière la porte (je pensai aussitôt à Yann Andréa, l'homme avec qui l'écrivain vivait depuis neuf ans), ne m'incite à aller prendre un café en bas de l'immeuble, dans le bistrot, et de ne pas remonter avant une demi-heure. Du fond de l'appartement, j'entendis la voix de Marguerite : elle prétendait qu'elle avait oublié ce rendez-vous pour notre entretien.

À l'heure dite, je la trouvai de dos, petite, très petite, assise comme toujours, dans sa chambre poussiéreuse, encombrée de papiers et d'objets, les coudes appuyés à son bureau.

Sans se soucier du tout de ce que je lui disais, elle me fixa en silence. Puis elle se mit à parler, adoptant avec la plus grande attention – en modulant les tonalités, les pauses – ce timbre extraordinaire qu'elle sait avoir. De temps à autre elle s'arrêtait, agacée, pour préciser ce que j'avais noté sur mon cahier. Et dès que le téléphone sonnait, elle retenait ma main pour l'immobiliser dans la sienne, pour m'empêcher de transcrire même une seule de ses paroles.

Pendant tout le temps (trois heures, peut-être plus) que je restai chez elle, elle ne cessa de sortir d'un tiroir de gros bonbons à la menthe et ne se décida à m'en offrir un qu'à la fin.

Elle accepta même, en dernier lieu, de se laisser photographier. Vêtue de son habituel « uniforme

M. D.» – jupe évasée et courte, pull à col roulé, gilet noir, chaussures à semelles compensées –, elle se tourna, lentement, pour poser. Comme pour défier l'objectif, veillant à ce que ses yeux bleus soient cadrés, ainsi que les bagues précieuses dont ses doigts sont chargés.

Je lui demandai en m'en allant si je pouvais revenir. «Fais comme tu veux, dit-elle. Mais je n'ai pas beaucoup de temps.»

Je me penchai pour lui dire au revoir et elle m'embrassa.

Dès mon retour à Paris après l'été, je l'appelai. J'avais rapporté d'Italie, lui expliquai-je, un bon morceau de parmesan pour elle. Il était midi et Marguerite venait de se lever. «Bien, répondit-elle. Justement je n'avais rien à manger chez moi.»

Elle me proposa de passer dans quelques minutes. Mais cette fois non plus, ce n'est pas elle qui vint m'ouvrir. Quant au timide et diligent Yann, il se contenta de prendre dans mes mains mon lourd paquet et me referma la porte au nez aussi vite.

Je compris que je ne devais pas insister et je laissai passer quelques jours.

De longs après-midi de bavardages et de conversations suivirent, dans cette intimité complice qui, avec le temps (inévitablement, peut-être), s'établit entre deux femmes.

Nos propos – sa parole elliptique –, réorganisés et réordonnés par la suite, naissaient ainsi, sans lien parfois.

Puis ils se poursuivaient, interminables, pendant des heures.

Jusqu'à ce que, sur son ton péremptoire, Marguerite me dise : «Maintenant ça suffit.»

Et, comme s'il avait attendu le signal, Yann arrivait d'une autre pièce en proposant, comme d'habitude, de l'accompagner dehors, et lui mettait délicatement son manteau couleur fraise.

En parlant, Marguerite se tirait et puis se lissait constamment la peau blanche et fripée du visage, elle ôtait et rechaussait ses lunettes d'homme qu'elle portait depuis sa jeunesse.

Je l'écoutais se souvenir, réfléchir, se laisser aller, abandonner peu à peu sa méfiance naturelle : égocentrique, vaniteuse, obstinée, volubile. Et tout de même capable, à certains moments, de douceurs et d'élans, de timidités, de rires retenus ou éclatants. Elle semblait soudain animée d'une curiosité irrésistible, vorace et presque enfantine.

Je me rappelle encore la dernière fois où nous nous sommes vues. La télévision, plus loin dans le salon, était allumée comme à toute heure, et le visage de Marguerite semblait fatigué, comme s'il avait gonflé en quelques jours.

Elle voulut tout savoir de moi. Elle ne pouvait plus s'arrêter de poser des questions : que je lui parle de ma vie, de mes amours ou, comme elle avait fait avec la sienne, que je lui parle longuement de ma mère. « Jusqu'au bout, la mère restera la plus folle, la plus imprévisible des personnes rencontrées dans toute une vie », me dit-elle, avec un sourire déjà lointain.

Leopoldina Pallotta della Torre

Note du traducteur

C'est il y a plus d'une quinzaine d'années que, en lisant l'essai d'Angelo Morino sur Marguerite Duras (*Il cinese e Marguerite*, Sellerio, 1997), j'ai appris l'existence de cet entretien inédit en France. Angelo Morino, en effet, le citait abondamment et il m'est apparu tout de suite qu'il contenait des éléments moins longuement traités dans les différentes interviews parues en français. Le fait que Leopoldina Pallotta della Torre soit italienne, sa détermination même, son insistance, l'ordre de ses thématiques et sa pensée très structurée empêchaient une certaine complaisance et les dérobades que l'on note dans la plupart des entretiens publiés jusqu'ici, où souvent l'intervieweur est amené par son interlocutrice autoritaire à parler «le Duras», langue codée que tous ses admirateurs, imitateurs et détracteurs connaissent, caricaturent ou pratiquent, et où surtout les nombreuses digressions et interruptions de pensée rendent parfois les dialogues à la limite

13

de l'incohérence, en tout cas leur font perdre leur sujet et les brouillent.

Quant au livre d'Angelo Morino, c'était une étude de la genèse de *L'Amant* et une comparaison minutieuse des éléments biographiques disséminés dans toute l'œuvre de Duras, à partir d'*Un barrage contre le Pacifique* jusqu'à *Yann Andréa Steiner*, et des éléments prétendument nouveaux apportés par le roman qui étendit considérablement le public de l'auteur. Il faisait naître un doute sur la «révélation» tardive de ce livre à propos de l'identité de Huynh Thuy-Lê, l'amant «chinois», qui prend la place du «Monsieur Jo» d'*Un barrage contre le Pacifique*. Et, comparant les trois versions que Marguerite Duras propose dans *Un barrage contre le Pacifique*, *L'Amant* et *L'Amant de la Chine du Nord* des mêmes événements, soulignant la différence du nombre de frères et surtout de l'identité de l'amant (du Français «Monsieur Jo», il devient Huynh Thuy-Lê, Vietnamien de père chinois) et surtout tentant d'expliquer la très longue occultation de la «vérité», il avance l'idée que *L'Amant* raconterait un épisode de la vie de la mère de Marguerite, Marie Legrand, qui aurait trompé Henri (dit Émile) Donnadieu avec un Vietnamien ou un Chinois. Marguerite et son frère le plus jeune, Paulo, seraient les enfants de cet amant (il y a dans *L'Amant de la Chine du Nord* de nombreuses allusions à la similitude des peaux de l'amant, de la jeune fille et du plus jeune de ses frères). Alors que Pierre, l'aîné, serait le seul fils d'Émile Donnadieu. Cette thèse, selon laquelle l'Amant serait celui de la mère et non de la fille, est reprise par Michel Tournier dans *Célébrations*[2]. Thèse qui serait presque convaincante... sans la ressemblance physique de Marguerite Duras avec Émile Donnadieu d'après les photos que l'écrivain a rendues publiques. Le regard de Marguerite, la forme de ses yeux viennent en réalité d'Émile Donnadieu, qui les avait ainsi. Et, en juin 1998, alors que Duras était morte, Danielle Laurin a publié dans *Lire* le récit de sa rencontre avec une ancienne camarade de classe de Duras, Mme Ly, à Sadec. Elle témoigne des escapades de Marguerite avec Huynh Thuy-Lê et affirme qu'en 1952, vingt ans après le départ définitif de Duras, elle avait reçu, de sa part, par l'intermédiaire de la belle-sœur de Huynh Thuy-Lê, des peignes de Paris, ce qui impliquerait que l'écrivain était encore en rapport avec son amant chinois, du moins avec sa famille. La maison de Huynh Thuan, le père chinois de l'amant, est devenue un « Musée des amants », à Sadec, encore que Duras n'y ait jamais mis les pieds. Les touristes la visitent et peuvent y dormir.

Bien que Marguerite Duras n'ait pas été avare d'entretiens et que plusieurs, importants, soient disponibles en volumes, notamment ceux des *Parleuses* avec

15

Xavière Gauthier (Minuit, 1974), du *Camion* (Minuit, 1977) et des *Lieux de Marguerite Duras* (Minuit, 1978) avec Michelle Porte, des *Yeux verts* avec Serge Daney et l'équipe des *Cahiers du Cinéma* (1987), de *La Vie matérielle* avec Jérôme Beaujour (P.O.L. 1987), de *Dits à la télévision* avec Pierre Dumayet (EPEL, 1999), de *La Couleur des mots* avec Dominique Noguez (Benoît Jacob, 2001), du *Bureau de poste de la rue Dupin* avec François Mitterrand (Gallimard, 2006), des *Entretiens* avec Jean-Pierre Ceton (Bourin, 2012), et que, au fur et à mesure de sa création, elle en ait accordé beaucoup dans la presse écrite[3], ou radiophonique et télévisée (avec Alain Veinstein, Bernard Pivot, Bernard Rapp, Michelle Porte ou Benoît Jacquot), il n'y avait pas, en français, d'entreprise analogue à la conversation avec Leopoldina Pallotta della Torre, ayant pour but de suivre exhaustivement la vie et la carrière de l'écrivain dans un unique livre parlé. Leopoldina Pallotta della Torre avait, en effet, pour modèle explicite le livre d'entretiens de Marguerite Yourcenar avec Matthieu Galey, *Les Yeux ouverts* (Le Centurion, 1980), qu'elle cite à plusieurs reprises dans ses questions.

Les éditions de La Tartaruga où avait paru cet ouvrage ayant arrêté leurs publications, il était impossible d'en dénicher un exemplaire, jusqu'à ce que je rencontre Annalisa Bertoni, enseignante à l'université de Limoges et attachée de presse des éditions italiennes Portaparole. À l'occasion de la sortie d'un petit livre que j'ai cosigné avec Adriana Asti, *Se souvenir et oublier*, publié par cette maison d'édition, j'ai parlé à Annalisa Bertoni de ce mythique entretien disparu. Or, il se trouvait qu'ayant consacré sa thèse à l'œuvre de Marguerite Duras, elle avait conservé un exemplaire de ses entretiens.

Une enquête auprès d'amis éditeurs italiens m'a permis de retrouver la trace de la famille de Leopoldina Pallotta della Torre, à Bologne. Et j'ai pu enfin obtenir ses coordonnées personnelles à Lucques.

Il est évident qu'en retraduisant de l'italien en français la parole d'un écrivain français, on risque d'altérer la forme de l'expression. J'ai tenté, dans la mesure du possible, de restituer le ton de Duras, tel qu'il est familier à ses lecteurs français. Et d'apporter en notes les précisions qui me semblent utiles et les rectifications qui s'imposent.

Qu'Annalisa Bertoni, sans laquelle le public français ne pourrait pas lire ce livre, trouve ici l'expression de ma reconnaissance.

René de Ceccatty

La Passion suspendue

Une enfance

Vous êtes née à Gia Dinh, à quelques kilomètres de Saigon, et, après d'innombrables déménagements avec votre famille – Vinh Long, Sadec –, vous avez vécu jusqu'à l'âge de dix-huit ans au Viêt Nam, alors colonie française. Vous pensez que vous avez eu une enfance spéciale?

Je crois parfois que toute mon écriture naît de là, entre les rizières, les forêts, la solitude. De cette enfant émaciée et égarée que j'étais, petite Blanche de passage, plus vietnamienne que française, toujours pieds nus, sans horaire, sans savoir-vivre, habituée à regarder le long crépuscule sur le fleuve, le visage tout brûlé par le soleil.

Comment vous décririez-vous enfant?

Petite, je l'ai toujours été. Personne ne m'a jamais dit que j'étais mignonne, il n'y avait pas de miroir où se regarder chez nous.

Quel rapport y a-t-il entre ces strates de la mémoire et votre écriture?

J'ai des souvenirs fulgurants, si forts que l'écrit ne pourra jamais les évoquer. Ça vaut mieux, vous ne trouvez pas?

L'enfance indochinoise est une référence indispensable à votre imaginaire.

Elle ne pourra jamais en égaler l'intensité. Stendhal a raison : l'enfance est sans fin.

Quels sont vos souvenirs les plus anciens?

C'est entre les plateaux, l'odeur de la pluie, du jasmin, de la viande, que j'isole les premières années de ma vie. Les après-midi épuisants en Indochine nous semblaient, à nous enfants, renfermer cette impression de défi envers la nature étouffante qui nous entourait.

Une impression d'interdit et de mystère pesait sur la forêt. Cette période nous plaisait tant, à mes deux frères et à moi, que nous nous aventurions, nous désenchevêtrant des lianes et des orchidées entremêlées, risquant à chaque instant de tomber sur des serpents ou, je ne sais pas, des tigres.

J'ai parlé longuement de ça dans *Un barrage contre le Pacifique*.

Ce calme surhumain et cette douceur indicible qui m'entouraient ont laissé des marques indélébiles.

J'accusais Dieu, bien sûr, en passant près des lazarets hors des villages : une impression de mort diffuse flottait sur les flancs des collines, le long de la frontière du Siam où nous vivions. Et pourtant, j'ai encore dans les oreilles l'éclat mélodieux des rires de ce peuple : le rire qui témoignait d'une irréductible vitalité.

Quelle image avez-vous maintenant, après tout ce temps, de l'Inde et de l'Indochine?
Elles sont le cœur de l'absurdité du monde, où s'amassent des fatras de délires, de misère, de mort, de folie et de vie.

L'Orient que vous avez reconstruit dans vos livres et dans vos films est un Orient déliquescent, dévasté. Je ne sais pas dans quelle mesure on peut le dire réel.
Je l'ai vécu en plein colonialisme, et depuis je n'y suis jamais retournée [4]. D'ailleurs, la véracité de prétendu réalisme ne me concerne pas.

Vous avez grandi en parlant français et indochinois. Comment cette expérience du bilinguisme vous a-t-elle influencée? Quel a été l'apport d'une culture si éloignée de la culture européenne?
J'ai refoulé pendant des années une grande part de cette vie. Puis, soudain, avec violence, les choses vécues dans l'inconscience de mes douze premières années sont revenues me visiter. J'ai retrouvé intacts

la misère, la peur, l'ombre de la forêt, le Gange, le Mékong, les tigres et les lépreux qui me terrifiaient, entassés sur le rebord de la route pour chercher de l'eau. Je me suis dit que mon pays s'était vengé.

Très jeune, vous avez été habituée à errer, à changer de maison et de ville.

À cause du métier de mon père, fonctionnaire des colonies. Je ne regardais jamais les maisons, petite : les objets ou les meubles qui s'y trouvaient. Et puis, je les connaissais toutes, j'aurais pu m'y déplacer dans le noir, comme un animal, les yeux fermés. Il y avait des endroits, je me souviens, où l'on se réfugiait quand on en avait assez des adultes. Dès lors, j'ai toujours été à la recherche d'un endroit, je n'arrivais jamais à être là où j'aurais voulu : une vie vagabonde, si vous voulez.

Et même exilée, puisque, il y a presque cinquante ans, vous avez quitté votre pays pour toujours.

Je crois que ça conditionnera toute ma vie. Comme les Juifs, tout ce que, en errant, j'ai emporté avec moi, est devenu encore plus fort du fait même d'avoir été loin, absent.

De quelle manière, selon vous, avez-vous été déterminée par cette enfance particulière ?

Quelque chose de sauvage demeure en moi,

24

maintenant encore. Une espèce d'attachement animal à la vie.

Des livres comme L'Amant *ou* Un barrage contre le Pacifique *pourraient autrement être lus comme des «portraits de famille dans un intérieur»*, des conversation pieces. *Avant de passer à la relation complexe que vous avez eue avec votre mère, quels ont été vos rapports avec votre famille jusqu'à votre adolescence?*

Il y avait quelque chose de noble et de brutal – certainement pas une éducation européenne ni française – dans la manière dont nous vivions. Sans feindre, sans avoir recours à l'instinct primaire, agressif qui gouverne et relie les familles. Nous savions tous que nous n'étions pas destinés à rester longtemps ensemble, la famille était là pour nous garantir une survie commune: nous serions bientôt séparés et nous commencerions à mener notre vie.

Vous ne croyez pas que tout cela puisse avoir fortement influencé votre avenir d'écrivain?

Je me suis mise à écrire pour faire parler ce silence sous lequel on m'avait écrasée. À douze ans, ça me semblait la seule manière.

Après la mort de votre père, à quatre ans, vous êtes restée avec votre mère et vos deux frères.

Maintenant qu'ils sont tous morts, je peux en parler tranquillement. La douleur m'a abandonnée.

Le plus jeune de mes frères avait un corps maigre, agile – il me rappelait, Dieu sait pourquoi, celui de mon premier amant, le Chinois. Il était silencieux, effrayé, et je n'ai pas pu me détacher de lui jusqu'au jour où il est mort. L'autre était un voyou, sans scrupule, sans remords, peut-être même sans aucun sentiment. Autoritaire, il nous faisait peur. Je l'associe maintenant encore au personnage de Robert Mitchum dans *La Nuit du chasseur*, un mélange d'instinct paternel et d'instinct criminel. C'est de là, je crois, que provient cette méfiance que j'ai toujours éprouvée envers les hommes.

Une des dernières fois où je l'aie vu, il est venu chez moi à Paris, pour me prendre du fric, c'était pendant l'Occupation. Mon mari, Robert Antelme, était déporté dans un camp. J'ai su, bien des années plus tard, qu'il avait volé ma mère aussi, et que, ravagé par l'alcool, il était mort, seul, à l'hôpital.

Dans Agatha, *que vous avez écrit pour le théâtre en vous inspirant de la trame de* L'Homme sans qualités *de Robert Musil, vous mettez carrément en scène le supposé amour incestueux entre Agathe et son frère Ulrich.*

Le dernier stade de la passion, oui. J'ai longtemps nié l'idée d'une passion que, sous la haine, j'aurais éprouvée pour mon frère. C'est la façon dont il me regardait qui m'a convaincue du contraire. Je ne voulais jamais danser avec lui, quand on nous a offert un tourne-disque : le contact avec son corps m'horrifiait, tout en m'attirant.

La figure de votre frère apparaît dans Un barrage contre le Pacifique, *ainsi que dans* L'Amant.

Ce n'est qu'avec *L'Amant* que j'ai réussi à me libérer de cette haine. Quand il est devenu électricien, en France, je suis restée avec le plus jeune de mes deux frères, le seul soutien contre l'hystérie et les colères de ma mère. Nous n'étions pas, lui et moi, les enfants qu'elle aurait désirés, je suppose.

Des journées entières dans les arbres *est l'histoire d'une vieille dame qui rentre en France après avoir longtemps vécu aux colonies et retrouve son fils aîné – voleur, escroc – qui a toujours été son préféré.*

En effet. Des trois, il a toujours été le plus aimé. Ma mère se sentait en faute de l'avoir rendu jaloux en lui donnant un frère et une sœur.

Et avec vous quelle attitude avait-elle ?

Elle ne supportait pas notre air exotique. Elle ne cessait de nous dire que nous étions français, elle nous obligeait à manger du pain, du miel, quand nous préférions du riz, du poisson, des mangues volées

27

pendant ses siestes. À quinze ans, on me prenait pour une métisse. Je ne répondais pas à certaines provocations. À ce que nous sachions, ma mère avait toujours été fidèle à son mari même quand, des mois durant, il la laissait seule.

Vous avez toujours peu parlé de votre père.

Peut-être parce que, sans le savoir, c'est à lui que, en vivant, j'ai continué à écrire. Je perdais et je retrouvais les hommes comme s'ils avaient été mon père. Il était professeur, et il écrivait des livres de mathématiques. Il est mort si tôt que je peux dire que je ne l'ai jamais connu. Je revois seulement son regard clair et parfois j'ai l'impression qu'il se pose sur moi. Je n'ai de lui qu'une photo fanée. Ma mère ne nous parlait jamais de lui.

Qu'est-il arrivé après sa mort?

Nous étions très pauvres et ma mère tellement obstinée qu'elle n'a voulu en faire qu'à sa tête. Veuve, elle a acheté ce terrain, une rizière incultivable, qui a du reste été inondée par le Pacifique, sur laquelle, pendant vingt ans, elle a travaillé en vain. Quand le barrage pour retenir la mer s'est écroulé, elle ne s'en est plus remise, elle a pour ainsi dire perdu un peu la raison. Elle répétait qu'on avait été abandonnés par tout le monde alors que les fonctionnaires qui nous avaient vendu le terrain s'enrichissaient, elle a fini seule, aigrie, pauvre, après avoir peiné comme une bête. Vieille, elle est allée mourir sur les bords de la Loire, le seul endroit, disait-elle, où elle pouvait vivre depuis que n'existaient plus les colonies.

Les Impudents *et encore* L'Amant *et* Un barrage.
Votre mère réapparaît dans vos romans.

Pour *Un barrage*, je me souviens, elle s'est mise en colère... Ma vie est passée à travers ma mère. Elle vivait en moi jusqu'à l'obsession. Je serais morte enfant, je crois, si elle était morte. Je ne crois pas que je me sois remise, depuis le jour où, il y a si longtemps, nous nous sommes quittées.

Quel type de femme c'était?

Exubérante, folle, comme seules les mères savent l'être. Dans l'existence d'une personne, je crois, la mère est, dans l'absolu, la personne la plus étrange, imprévisible, insaisissable que l'on rencontre. Elle était grande, dure, mais toujours prête à nous protéger des aspects de cette vie sordide que nous menions quand même.

Elle s'habillait toujours de vieux vêtements usés. Et je la revois encore faire les cent pas dans sa chambre en chemise de nuit ou dans la pénombre de la salle à manger coloniale, hurlant, désespérée, disant qu'elle ne veut plus rentrer en France. C'était une fille de paysans du Pas-de-Calais et, jusqu'au jour où elle a quitté les colonies, elle a refusé de parler vietnamien. Et pourtant elle enseignait dans des écoles indigènes, et elle était certainement plus proche des Vietnamiens et des Annamites que des Blancs. Souvent les élèves de ma mère venaient jouer avec moi. Je n'oublierai jamais leur grâce, la joie qui émanait d'elles. Elles vivaient plongées dans les rivières, dans les lacs quand il faisait chaud. Tout le paysage de mon enfance, d'ailleurs, est comme un immense pays d'eau.

Quels autres souvenirs avez-vous de votre mère?

C'était une extraordinaire conteuse. J'ai oublié tant de choses dans ma vie, tant de livres, de conversations, mais pas certaines histoires qu'elle nous racontait, en nous couchant le soir, de sa voix traînante. Les choses qui nous appartiennent le plus, je crois, passent exactement par là: par la parole parlée, immédiate.

Que voyez-vous, aujourd'hui, de votre mère?

Sa folie m'a marquée à jamais. Son pessimisme aussi. Elle vivait dans l'attente incessante d'une guerre, d'une catastrophe naturelle qui nous aurait anéantis, tous. Elle est parvenue à me laisser ce sentiment, fort, paysan, de l'intimité domestique, comme un bastion, un refuge qu'elle savait créer dans chacune de nos maisons.

Vous avez déclaré plusieurs fois que votre mère, plutôt qu'une fille, aurait préféré un autre garçon, et que, vous, dans votre adolescence, vous auriez fait n'importe quoi pour ne pas décevoir cette attente.

Eh bien, pas exactement. Elle ne voulait pas que je devienne trop instruite, ça oui. Il y avait en elle, si viscéralement, une espèce de peur à l'égard des intellectuels, et tout ce qui pouvait lui échapper. Je ne me rappelle pas l'avoir vue une seule fois avec un livre à la main. C'est pour ça et pour tant d'autres raisons que j'ai décidé de m'en aller pour toujours.

Des rives du Mékong quelle idée vous étiez-vous faite de la vie en France ?

La seule image de l'Europe passait à travers les récits de ma mère. Il ne m'a pas été facile quand j'y suis arrivée de prendre les manières et le ton occidentaux. J'ai dû soudain mettre des chaussures et manger des steaks...

Les années parisiennes

Vous aviez tout juste dix-huit ans quand vous êtes partie seule pour Paris.

J'ai compris que j'avais commis une erreur d'attendre toutes ces années, derrière une porte, que ma famille s'aperçoive de ma présence. Je voulais recommencer, prouver à ma mère que je pourrais m'en sortir. Est-ce qu'on ne fuit pas tous sa maison parce que la seule aventure possible est celle que notre mère a déjà prévue?

À Paris vous vous êtes tout de suite inscrite à l'université.

J'avais obtenu une bourse. Il fallait que je me mette à faire quelque chose. C'était très difficile au début. Je me suis d'abord inscrite en mathématiques, pour suivre la voie de mon père, sans aucun doute. Calvino et Queneau prétendent qu'il y a un très fort lien entre les sciences exactes et la littérature. Puis j'ai fait une tentative à Sciences-Po, et finalement j'ai fait une licence de droit. Quand j'ai passé les premiers examens, j'ai commencé à vaincre cette impression endémique de misère que ma mère – elle souffrait d'un complexe d'infériorité envers ceux qu'elle considérait comme importants, que ce soit les fonctionnaires ou les douaniers des colonies – m'avait transmise.

Quel type de vie meniez-vous?

Une vie d'étudiante. On suivait les cours, on se retrouvait dans les cafés pour manger des sandwichs et parler, puis le soir on allait dans des brasseries, on était tous jeunes, on n'avait pas le sou.

Je ne me souviens pas de grand-chose de ces années-là. Peut-être parce que je n'en parle jamais. Elles me semblent parfois englouties dans le noir.

Quelles ont été vos premières relations parisiennes?

Des étudiants qui fréquentaient l'université comme moi. Puis j'ai rencontré un jeune Juif de Neuilly, que je me rappelle encore comme une des rencontres les plus stimulantes et déterminantes de ma vie. Il m'a fait connaître des endroits et des livres dont je ne savais rien. Moi qui ne connaissais que les marais et les exotismes de Pierre Loti et de Pierre Benoit. Il m'a fait lire la Bible, découvrir la musique. Toutes les semaines, nous allions à des concerts de Mozart, Bach, Haydn.

Vous suiviez aussi les programmes de l'Opéra?

C'étaient des événements mondains et bourgeois qui m'assommaient. L'opéra m'ennuyait déjà. Des effets trop spectaculaires qui saturent le regard et appauvrissent l'apport musical. La musique, la vraie musique, ne peut jamais être l'arrière-fond de quelque chose d'autre. Elle doit nous remplir – nous vider – de tout.

Vous en écoutez encore?

Non. Écouter Bach comme je le faisais, jeune et naïve, quand rien ne pouvait me secouer, aujourd'hui cela me ferait du mal. Il s'agit d'efforts énormes, douloureux. J'ai envie de rire quand les gens me racontent qu'ils ont écouté Mozart *toute la journée.*

Revenons-en à vos premières années parisiennes, aux années du Front populaire, avec sa spectaculaire victoire de la gauche et l'élection de Léon Blum, auxquelles succéda, dans la foulée, l'engagement de nombreux intellectuels : Gide, Bernanos, Malraux, Mauriac.

Je n'étais alors pas vraiment engagée. La politique était quelque chose de très loin de moi. Je me sentais jeune, indifférente. Par exemple, l'éloquence et l'engagement de Malraux – avant même qu'il ne devienne ministre de la Culture bien plus tard, où je le suivais un peu distraitement à la télévision – me semblaient déjà alors un fleuve de paroles rhétoriques.

Cette période de désengagement politique fut assez brève pour vous, puisque, quelques années plus tard, après votre mariage avec Robert Antelme, qui publiera plus tard un livre engagé comme L'Espèce humaine, *et peu après la déclaration de la guerre, vous vous êtes inscrite au Parti communiste. Pourquoi ?*

J'avais besoin de sortir de la solitude, une diaspora, dans laquelle je m'étais jetée, pour entrer dans un groupe, une conscience collective et partageable. Je savais pour les goulags, pour le stalinisme, pour la Sibérie, pour le pacte germano-soviétique, pour les pogroms de 1934, mais m'inscrire, c'était me reconnaître dans le destin du Parti et me délester du mien. De même, mon malheur devenait un malheur de classe.

Quel est le bilan de vos huit années de militantisme dans les rangs du PCF ?

Je suis encore une communiste qui ne se reconnaît pas dans le communisme. Pour adhérer à un parti il faut être autiste, névrosé, sourd et aveugle, en quelque sorte. Pendant des années, j'y suis restée comme secrétaire de section, sans me rendre compte de ce qui arrivait, sans m'apercevoir que la classe ouvrière était victime de sa propre faiblesse, que même le prolétariat ne faisait rien pour sortir des limites de sa condition.

*Quelle fut la raison qui vous a poussée, dans la seconde
moitié des années cinquante, à quitter le Parti ?*

Le modèle stalinien brouillait la révolution, et les
événements de 1956 en Hongrie m'avaient écœurée.
En sortir a été un traumatisme, évidemment. Ce n'est
qu'avec 1968 que j'ai cessé de me sentir une victime,
malgré moi, de l'idéologie communiste. J'en avais
assez de la démagogie marxiste qui, dans sa tentative
d'annihiler les contradictions de l'individu, ne fait
que l'aliéner davantage. Toute tentative pour sim-
plifier la conscience de l'homme a en soi quelque
chose de fasciste (stalinisme et hitlérisme, ici, c'est
une même chose).

*Comment jugeait-on, à l'intérieur du Parti, le fait que
vous étiez une intellectuelle et qu'en plus vous écriviez ?*

Je le faisais en cachette, les premières années. Les
camarades ignoraient même que j'avais des diplômes.
Ils vivaient de dogmes très rigides : lire et écrire
des livres qui n'auraient pas été imposés et prévus,
ç'aurait été comme un crime théorique qui invalidait
le credo asphyxiant du Parti. Ils sont arrivés, en tout
cas, à me culpabiliser : ils m'ont taxée d'anticommu-
nisme, quand j'ai commencé le tournage de *Jaune le
soleil*, pour m'empêcher de poursuivre, puis ils ont
essayé de m'imposer de vivre en couple, en famille :
comme tous les autres membres, disaient-ils. Et j'ai

fait scandale quand un rapport écrit m'a dénoncée parmi la clientèle des boîtes de nuit, et parce que j'aurais vécu *avec* deux hommes : mon nouvel et mon ex-amant.

L'expérience du PCF a conditionné votre travail ?

Si ç'avait été le cas, je n'aurais pas été un véritable écrivain. Quand j'écris, j'oublie toute idéologie, toute mémoire culturelle. Il n'y a peut-être que dans *Un barrage contre le Pacifique* que se trouve quelque chose de politique : dans les monologues de la mère sur la misère, dans la description de la colonie. Mais il s'agit toujours de la dialectique intime d'une femme désespérée. Je crois qu'on n'écrit pas pour donner des messages aux lecteurs : on le fait en regard de soi-même, en rompant avec les styles qui nous ont précédés, en les réinventant chaque fois.

Vous connaissez un écrivain du Parti qui ait fait ça, vous ? Et ne venez pas me parler du surréalisme d'Aragon : il écrivait bien, point final. Mais il n'a rien changé, il est demeuré un fidèle représentant du Parti, qui savait charmer avec des mots.

Vous avez tout de même cru à l'utopie politique.

À Allende, oui, à la révolution de 1917, au printemps de Prague, aux premiers temps de Cuba, au Che Guevara.

Et à 1968 ? Vous faisiez partie du comité écrivains-étudiants.

J'y ai cru en tant qu'utopie justement. Sa grande force a été de remuer les eaux stagnantes de l'Europe, du monde entier, peut-être.

Vous avez dit une fois : « Quand Baudelaire parle des amants, du désir, il est au plus fort du souffle révolutionnaire. Quand les membres du Comité central parlent de la révolution, c'est la pornographie. » [5]

Comme tous les régimes, le marxisme craint que « certaines forces libres » – l'imaginaire, la poésie, même l'amour –, si elles ne sont pas conduites comme il convient, puissent, en quelque sorte, en saper les fondements, et s'est toujours instauré en tant que censure de l'expérience, du désir.

Parmi vos textes, lesquels considérez-vous comme politiques ?

Dans *Abahn, Sabana, David*, qui date de 1970, il y a toute ma haine envers le Parti : David est le symbole de l'homme anesthésié par la démagogie stalinienne et par le mensonge, Abahn est la figure de l'intellectuel condamné par les événements à une vie de schizophrène, et Sabana est peut-être l'emblème de la douleur même, qu'on ne peut dissimuler. En revanche, dans *L'Amour*, il y a toute ma peur de l'Apocalypse, le sentiment d'une fin du monde. Dans

Détruire dit-elle, Élisabeth Alione, Alissa et Stein font appel à la destruction du monde comme unique solution de l'humanité.

Détruire *pourrait autrement être vu comme une espèce de manifeste de Mai 68.*
La folie comme refus extrême des modèles, l'utopie aussi, nous sauvent, en nous éloignant, en nous préservant de tout.
Foucault était d'accord avec moi sur ce point. Je ne comprends pas comment Sollers a pu alors affirmer que ce n'était pas un roman politique, mais seulement littéraire[6]. Blanchot, qui me connaît très bien, a tout de suite compris la portée révolutionnaire du texte, le binôme amour-mort que j'indiquais comme la seule voie de salut, celle qui passe justement par la destruction totale de ce qui préexistait et qui empêche le libre flux des pulsions[7].

Quelle a été pour vous la leçon la plus profitable de Mai 68 ?
Mai 68, le printemps de Prague ont été un échec politique bien plus profitable, par ce vide idéologique qu'ils ont opéré, que n'importe quelle autre victoire. Ne pas savoir où l'on allait, comme cela nous arrivait dans la rue, pendant ces journées-là, savoir seulement qu'on allait, qu'on se bougeait, en quelque sorte, sans crainte des conséquences, des contradictions :

c'est ça qu'on a appris. Mais peut-on être écrivain, je me le demande, sans buter sur des contradictions? Non. Tout au plus un bon conteur. Évidemment, proposer une annulation complète des idéologies, ce n'est pas facile dans un pays comme la France, réfractaire depuis toujours à toute période historique qui n'ait pas en soi une définition. On nous a obligés, dès l'enfance, à ordonner notre vie, de sorte à en exorciser tout désordre.

Et c'est sur cette peur du vide, sur la volonté d'endiguer jusqu'au plus petit risque qui en découlerait, que le pouvoir s'enracine.

Peut-il subsister, dans l'état actuel des choses, une conscience marxiste?

Je pars du principe que tous les discours politiques se ressemblent: ça ne sert à rien de s'engager, l'Europe est en proie à des révolutions fantoches, et le marxisme est désormais une doctrine conceptuelle, cérébrale et, comme telle, cadavérique.

L'héroïne d'un autre de vos textes politiques, Le Camion, *dit: «Que le monde aille à sa perte, qu'il aille à sa perte, c'est la seule politique [8].»*

Je ne crois plus en rien et ne pas croire pourra peut-être mener à cet «acte contre tout pouvoir», la seule réponse possible à l'oligarchie des banques, à la fausse démocratie qui nous gouverne.

Mais aux dernières élections, vous avez tout de même voté socialiste.

Une espèce de non-vote qui indique le désir de trouver une solution entre deux oppresseurs. Tout cela, avec la grande estime que j'ai pour mon ami Mitterrand. D'ailleurs, après celles du PCF, je ne pourrai plus jamais m'engager pour des thèses politiques.

Vous vous connaissez depuis longtemps, avec François Mitterrand.

Oui, depuis l'époque de la Résistance. C'est une des rares et premières personnes auxquelles j'envoie tous mes livres. Je suis certaine qu'il les lira et qu'il m'appellera pour qu'on en parle ensemble. C'est un homme qui aime beaucoup la vie, Mitterrand. Bien sûr, tant qu'il est président, il ne pourra pas dire tout ce qu'il pense du Parti communiste, de la France d'aujourd'hui.

Toutes les fois où, durant ces dernières années, je les ai vus, Chirac et lui, à la télé, la différence entre eux était éclatante: l'un ouvert, disponible aux changements, au dialogue, l'autre, empêtré dans un langage démodé, défenseur d'une nation égocentrique, d'une société renfermée exclusivement sur elle-même et sur la peur de tout ce qui vient de l'extérieur. Qu'il s'agisse d'intellectuels, de Juifs, d'Arabes, de Chinois, d'Argentins, de Palestiniens.

La transcription de certains de ces entretiens et de ces rencontres entre le Président et vous sur des événements concernant l'actualité a été publiée dans L'Autre Journal[9], *il y a quelques années.*

Ils lui plaisaient, il insistait même pour qu'on poursuive ces discussions. Nous parlions, le plus souvent chez moi, puis je les transcrivais, il les corrigeait, je les corrigeais à nouveau, il me laissait faire. On avait de ces fous rires...

À propos de journalisme, à partir de la fin des années cinquante, vous avez participé activement à la vie politique et sociale de votre pays, en intervenant sur des sujets divers, dans les pages d'hebdomadaires ou de quotidiens, comme Le Monde, France-Observateur, *devenu ensuite* Le Nouvel Observateur, *et même des magazines féminins, comme* Vogue *ou* Sorcières, *jusqu'aux collaborations les plus récentes, dans* Libération *et donc* L'Autre Journal.

J'ai toujours aimé ça, l'urgence de l'écriture journalistique. Le texte doit avoir en soi la force – et pourquoi pas les limites – de la hâte avec laquelle il a été rédigé. Avant d'être consommé et jeté.

Après m'avoir suppliée d'intervenir sur tel ou tel événement, souvent pourtant la rédaction du *Monde* n'avait pas le courage de publier mon papier...

Quant à *L'Autre Journal*, qui est un des magazines

littéraires de gauche que j'aime le plus, ils ont dit que si je collaborais, ça ferait monter les ventes.

Quelles ont été les raisons qui vous ont poussée à entreprendre cette carrière de journaliste?

Il m'est devenu nécessaire, tout à coup, d'exposer publiquement ce que je pensais, à l'endroit de certains sujets. Un besoin de sortir au grand jour, de me mesurer à moi-même hors des murs de ma chambre. J'ai commencé à rédiger des articles dans mes moments de vide, dans les pauses de mon écriture quotidienne Quand j'écrivais un livre, je ne lisais même pas les journaux. Mais les papiers, vous ne pouvez pas imaginer, me prenaient beaucoup de temps, la tension était très forte, même si je faisais ça depuis des années.

Quelle doit être la fonction du journalisme?

De créer une opinion publique autour d'événements qui, autrement, passeraient inaperçus.

Je ne pense pas qu'il puisse exister une objectivité professionnelle : je préfère une nette «prise de position». Une espèce de posture morale. Ce dont un écrivain peut parfaitement se passer dans ses propres livres.

Vous avez toujours eu, et vous gardez encore, un intérêt passionné pour certains faits divers. Souvent vos positions – interventions à la télévision ou dans les quotidiens – sont durement critiquées par l'opinion publique.

La tentation de dire ce que je pensais, pour dénoncer l'injustice sociale de la résistance des Français à réfléchir à la guerre d'Algérie, à la montée des régimes totalitaires, à la militarisation de la planète, à une moralisation forcée de la société, ça, je l'ai toujours eue.

Ce qui m'intéressait le plus, c'était l'impact que tout ça avait sur chaque individu : tout ce qui en lui est folie, geste gratuit, crime passionnel ou désespéré. Ou alors simplement mon intérêt envers certains aspects de l'homme que le système judiciaire se permet de traiter à l'instar de n'importe quel autre, irréversible, événement de la nature.

Il y a quatre ans, dans un long article de Libération [10]*, vous vous êtes penchée sur l'affaire Christine Villemin, meurtrière présumée de son fils, dans un village des Vosges. Vous-même, vous avez raconté que vous vous étiez rendue à Lépanges-sur-Vologne et que, sans y avoir assisté, vous pouviez imaginer l'exact déroulement des faits : en vous appropriant – sans trop de vraisemblance, peut-être – la totalité de l'affaire, jusqu'à faire de Christine Villemin une héroïne «forcément sublime». Emblème même de l'écriture comme processus irréversible et total, dans la mesure où elle est agie par des forces étrangères* *et obscures. Le geste fou de la femme aurait donc été, à votre avis, l'ultime tentative (et donc innocente et non condamnable) de se retrouver et de se libérer soi-même, avec son destin, à travers le meurtre d'un enfant non désiré.*

Le crime de Christine Villemin est la faute de quelqu'un qui, avant tout, comme toute femme, était une victime : être reléguée à la matérialité de l'existence, incapable de se relever de là, condamnée à l'artifice d'une vie non voulue [11].

Votre défense inconditionnelle de Christine Villemin a suscité un scandale : de nombreux intellectuels et personnalités du monde du spectacle, parmi lesquels Simone Signoret, se sont ligués contre vous.

Christine Villemin était le prototype d'une féminité subjuguée par l'homme qui établit, une fois pour toutes, les lois du couple, du sexe, du désir. Des femmes comme elle sont partout, incapables de dire, exténuées par le vide qui les entoure : les enfants ne sont rien d'autre qu'un lien ultérieur qui attente à la réalisation de soi [12].

Vos reportages compteront en tout cas des voyages aux marges du social – ghettos, prisons, trottoirs ou, au contraire, couvents – pour rencontrer des détenus, des assassins, des carmélites, des prolétaires, des Africains, des Juifs.

Ce que je voulais, c'était faire parler un monde dont, dans les années du boom économique, on ne savait rien. Faire en sorte que certains témoignages – l'angoissante autodéfense d'un ouvrier algérien, l'épouvantable vide intellectuel d'une sœur du Carmel – aient une telle force d'impact qu'ils ne puissent plus être ignorés ou instrumentalisés par la classe bourgeoise.

Quelle image avez-vous de l'avenir et des progrès de l'humanité ?

La robotisation, la télécommunication, l'informatisation épargnent à l'homme tout effort en finissant par émousser ses capacités de création. Le risque est celui d'une humanité aplatie, sans mémoire. Mais parler des problèmes de l'humanité, cela ne veut rien dire : la bataille incessante, jour après jour, on la mène avec soi, par la tentative de résoudre son irrésolubilité. Ou par le fait de se trouver comme toujours face au problème de Dieu.

Vous êtes croyante ?

Savoir que s'il y a une divinité elle ne réside qu'en nous, du moment que seul le vide nous entoure, n'aide pas à résoudre le problème. Ne pas croire en Dieu n'est qu'un credo de plus. Je doute qu'il soit possible de ne pas croire du tout. Ce serait comme enlever tout sens, toute éternité aux grandes passions de notre vie. Tout deviendrait une fin en soi, et privé de conséquences. Et on ne peut pas non plus exclure que ce soit précisément ça, l'avenir de l'humanité.

Peut-on parler, selon vous, de bonheur humain?

C'est un mot, ça, le bonheur, qu'on ne devrait jamais prononcer. Le sens même que nous donnons au mot en serait comme dévoyé et il en verrait sa portée outrepassée : inaccessible, extraordinairement mystérieuse.

Vous croyez au hasard?

J'aime ça de me sentir une partie du grand jeu : incapable de contrôler ou de prévoir le cours des choses. Le malaise des gens, vous voyez, je pense qu'il naît de là, de la conscience tragique qu'ils ne sont pas, à la hauteur de ce qu'ils voudraient, arbitres de leur propre vie.

L'idée de la mort vous effraie?

Je m'en suis rendu compte la dernière fois où j'ai été hospitalisée [13]. On m'a dit que si je buvais encore un verre, je mourrais. Alors j'ai été saisie d'une peur étrange, de la peur d'une bête traquée.

Jeune, pendant plus de trente ans, je craignais la folie plus que la mort. On me reprochait toujours d'être folle, illogique. Mais en moi il n'y avait qu'une apparence de désordre, du contradictoire. On a fini par créer en moi une petite névrose, et j'ai dû faire de grands efforts pour me libérer de la folie que les hommes parvenaient à m'évoquer.

On parle beaucoup, au seuil du troisième millénaire, de la fin du monde.

La peur de l'an 2000 et de la fin du monde, c'est un fantasme. Tout le monde dit qu'il faut s'y attendre, mais personne ne dit pourquoi. En regard de l'angoisse mystique dans laquelle on vivait l'Apocalypse de l'an mil, notre peur est une peur froide, empiriquement consciente du danger de l'irréversibilité de la dégradation, derrière laquelle il n'y a plus, comme autrefois, l'idée d'une mort «sacrée» : tout au plus, l'idée du néant.

Des épisodes comme celui de l'explosion de la centrale de Tchernobyl [14] attestent la réalité d'une fin collective et progressive de l'humanité, dont la portée est encore incalculable. Tout le monde aurait dû décider la fermeture des centrales, et on ne l'a pas fait. Les pays du tiers-monde auront toujours besoin de leur fonctionnement. Et puis à quoi ça servirait de fermer les centrales qui même fermées, de toute façon, resteraient dangereuses ? Les zones nucléarisées ne redeviendront jamais des champs de blé.

Les parcours d'une écriture

Quelles sont les raisons qui vous ont poussée à écrire?
Le besoin de restituer sur la feuille blanche quelque
chose dont je ressentais l'urgence sans avoir la force
de le faire complètement. Je lisais beaucoup, à cette
époque, et, inévitablement, la hâte d'écrire était telle
que je ne me rendais pas compte de tout ce qui m'in-
fluençait. Ce n'est qu'avec le deuxième livre que
l'on commence à voir clair dans la direction de son
écriture, à travers le lent détachement par rapport à la
fascination que *l'idée* de la littérature exerce sur nous.

Comment avez-vous commencé?
À onze ans, je vivais en Cochinchine, trente degrés
à l'ombre, tous les jours. J'écrivais des poèmes – c'est
de là que ça commence toujours – sur le monde, sur
la vie dont je ne savais rien.

Votre premier livre, Les Impudents, *date de 1943.*
Vous aviez vingt-neuf ans.

Il parlait de la haine que j'éprouvais à l'encontre de mon frère aîné. J'ai envoyé le manuscrit à Queneau – je ne le connaissais pas – qui travaillait chez Gallimard. Je suis entrée dans son bureau émue, mais sûre de moi. Le livre avait été déjà refusé par tous les autres éditeurs, mais j'étais certaine que cette fois-ci, on l'accepterait. Queneau n'a pas dit qu'il était beau, il a simplement dit, en levant les yeux : « Madame, vous êtes un écrivain. » L'année suivante, il a publié *La Vie tranquille*. C'était si mal construit, d'un réalisme tellement appuyé, tellement naïf.

Jusqu'à *Moderato cantabile*, c'est comme si je ne reconnaissais pas les livres que j'ai écrits. *Un barrage contre le Pacifique* ou *Les Petits Chevaux de Tarquinia* sont encore des livres trop *pleins*, où tout, trop est *dit*. Rien n'est laissé à l'imagination du lecteur. Il peut exister un rapport avec ce que je considère maintenant comme ma phase de maturité, à la rigueur avec certains aspects du *Marin de Gibraltar* : une femme vit dans l'attente infinie du marin, d'un amour inaccessible. Quelque chose de très similaire à ce que j'écris en ce moment.

Pendant des années, j'ai eu une vie sociale, et la facilité avec laquelle je rencontrais les gens ou je leur parlais se reflétait dans mes livres. Jusqu'à ce que je connaisse un homme, et peu à peu, toute cette mondanité a disparu. C'était un amour violent, très érotique, plus fort que moi, pour la première fois. J'ai même eu envie de me tuer, et ça a changé ma façon même de faire de la littérature : c'était comme de découvrir les vides, les trous que j'avais en moi, et de trouver le courage de les dire. La femme de *Moderato cantabile* et celle de *Hiroshima mon amour*, c'était moi : exténuée par cette passion que, ne pouvant me confier par la parole, j'ai décidé d'écrire, presque avec froideur.

*En 1950, ce fut le tour d'*Un barrage contre le Pacifique, *le vrai livre sur votre adolescence.*

Et aussi le plus populaire, le plus facile. Cinq mille exemplaires vendus. Queneau en était enthousiaste, comme un enfant, il a fait beaucoup de publicité et il s'en est fallu de peu que je n'obtienne le prix Goncourt. Mais c'était un livre politique, anticolonialiste, et à cette époque on ne donnait pas de prix aux communistes. Je l'ai obtenu trente-quatre ans plus tard, avec *L'Amant* qui d'ailleurs reprend les mêmes thèmes : la vie indigente des colonies, le sexe, l'argent, l'amant, la mère et les frères.

Qu'éprouviez-vous en écrivant L'Amant ?

Un certain bonheur. Le livre était sorti de l'obscurité – l'obscurité où j'avais relégué mon enfance – et il était dépourvu d'ordre. Un enchaînement d'épisodes sans lien, que je trouvais et abandonnais sans m'y arrêter, sans les annoncer, sans les conclure.

Qu'est-ce qui vous a poussée à raconter cette histoire que vous définissez vous-même comme indicible?

La maladie, la fatigue dont je sortais m'avaient donné envie de revenir à moi-même après si long-temps. Plus qu'une inspiration, j'y verrais plutôt le sentiment de l'écriture. *L'Amant* est un texte sauvage: et cet aspect brutal que j'ai en moi, c'est Yann Andréa avec son livre *M. D.* [15] qui me l'a fait découvrir.

Y a-t-il des personnages et des situations du roman qui correspondent à la réalité?

J'avais dû mentir pendant des années sur tant d'histoires du passé. Ma mère vivait encore, je ne voulais pas qu'elle apprenne certaines choses. Et puis, un jour, j'étais seule et je me suis dit: pourquoi ne pas dire la vérité maintenant? Chaque chose dans le livre est vraie: les vêtements, la colère de ma mère, la nourriture douceâtre qu'elle nous faisait avaler, la limousine de l'amant chinois.

Même l'argent qu'il vous passait?

Je sentais que c'était mon devoir de le prendre d'un milliardaire et de le donner à la maison. Il me faisait des cadeaux, nous trimballant en voiture et nous invitant tous au restaurant le plus cher de

Saigon. À table, personne ne lui adressait la parole, ils étaient un peu racistes, dans les colonies, et ma famille disait qu'elle le haïssait. Bien sûr, quand il s'agissait d'argent, elle fermait les yeux. Au moins, nous n'aurions pas à vendre ou à hypothéquer le mobilier pour manger.

Quel autre souvenir gardez-vous de cet homme?
Son corps chinois ne me plaisait pas, mais il faisait jouir le mien. Et c'est cette chose-là que j'ai découverte, seulement alors.

La force du désir?
Oui, total, au-delà du sentiment, impersonnel, aveugle. Il ne pouvait pas se dire. J'aimais, de cet homme, son amour de moi et cet érotisme-là, enflammé chaque fois par notre profonde ambiguïté.

Vous avez vendu un million et demi d'exemplaires de L'Amant, *rien qu'en France. Il a été traduit en vingt-six langues. Comment vous expliquez-vous cet énorme succès?*
Dire que Jérôme Lindon, mon éditeur, n'en avait tiré que cinq mille! En quelques jours, il était déjà épuisé. En un mois, le tirage est monté à vingt mille et j'ai cessé de m'en occuper. Je l'ai laissé là, sans le rouvrir, c'est ainsi que je fais toujours. L'amour, m'a-t-on dit, c'est un sujet qui garantit le succès.

Mais ce n'était pas à ça que je pensais en l'écrivant. J'étais même plutôt certaine d'ennuyer ou d'agacer le lecteur avec des thèmes que j'avais déjà traités de toute façon. Je n'avais pas prévu évidemment que, en me retrouvant dans ces pages, les gens allaient en faire une espèce de roman populaire.

Quels pourraient avoir été les autres ingrédients qui auraient entraîné un succès aussi retentissant?

Le livre, je crois, transmet cet énorme plaisir que, dix heures par jour, j'ai éprouvé à l'écrire. D'habitude, la littérature française confond le sérieux d'un livre avec le fait qu'il soit ennuyeux. Et en effet si les gens ne terminent pas les livres qu'ils lisent, c'est parce qu'ils sont tous imbus de prétention, la prétention stupide de vouloir renvoyer à quelque chose d'autre...

Savez-vous que vous êtes désormais connue dans le monde entier par ce fait même – et parfois rien que par lui – d'avoir écrit L'Amant?

Finalement on ne pourra plus dire que Duras écrit «des trucs intellectuels»...

Auriez-vous envie d'indiquer pour L'Amant *telle ou telle clé d'interprétation?*

C'est un roman, point final. Qui ne conduit, qui ne va nulle part. L'histoire ne se conclut pas, c'est seulement le livre qui s'arrête. L'amour, la jouissance, ce ne sont pas des «histoires», et l'autre lecture, la lecture plus profonde, si elle existe, n'apparaît pas. Chacun peut choisir de l'entrevoir.

Quels sont, selon vous, les changements les plus radicaux qui ont eu lieu dans votre style, à partir de L'Amant?

Aucun. Mon écriture est la même depuis toujours. Ici, tout au plus, je me laisse aller sans crainte. Les gens maintenant n'ont plus peur de ce qui, en apparence en tout cas, semble incohérent.

Depuis L'Amant, *votre écriture s'est faite de plus en plus allégée.*

C'est le son de la parole qui a changé, par rapport à ce qu'il était avant : comme quelque chose qui aurait acquis une sorte d'involontaire simplicité.

Expliquez-vous mieux.

L'Amant est un livre tellement plein de littérature qu'elle semble, paradoxalement, très loin. On ne la voit pas, on ne doit pas voir l'artifice, c'est tout.

Vous vous obstinez à ne pas vouloir parler de «style» pour ce roman.

Un style «physique», si on y tient. *L'Amant* est né d'une série de photographies retrouvées par hasard, et je l'ai commencé en pensant mettre le texte en retrait pour privilégier l'image. Mais l'écriture a pris le dessus, elle allait plus vite que moi, et ce n'est qu'en le relisant que je me suis aperçue de la façon dont il était construit sur des métonymies. Il y a des mots, comme «désert», «blanc», «jouissance», qui se détachent et connotent le récit tout entier.

Pour en venir à un autre de vos succès, que croyez-vous que soit la qualité d'un livre comme La Douleur *?*

Le fait que j'ai choisi pour point de vue la peur d'une femme devant parler de la guerre, et pas seulement des thèmes généraux. Que l'on raconte des faits infimes, qui concernent même la physiologie humaine dans ses aspects les plus animaux, comme le corps délabré de mon mari au retour de Dachau, ou l'histoire de ce Pierre Rabier de la Gestapo, qui voulait coucher avec moi, et que j'ai exploitée jusqu'au bout, pour pouvoir le dénoncer. Ou celle, plus atroce encore, de l'interrogatoire que j'ai fait subir à l'informateur des Allemands.

La Douleur est un texte courageux, un mélange d'horreur et de sacré, un des plus importants que j'ai écrits. L'écriture est dure, moderne au sens où elle rend compte de tous les événements avec précision. Elle fait penser, m'a-t-on dit, à Bataille. Mais ce n'est pas de la littérature, ça, je le répète. C'est quelque chose de plus et de moins.

Le matériau du livre vous a vraiment été fourni par des cahiers remplis par vous pendant la guerre et qui ont miraculeusement resurgi d'une armoire?

Beaucoup de critiques, en France, ne m'ont pas crue. Je peux leur montrer mes journaux, s'ils le veulent. Je ne me rappelle pas la date où je les ai commencés, je sais seulement qu'il s'agit de brouillons, de fragments, des notes sur des romans que je projetais alors, *Le Marin, Un barrage*. Et puis, vous voyez, on peut mentir sur bien des choses, mais pas sur cette chose-là, sur la substance même de la douleur.

Pour en venir à une de vos plus récentes publications, vous revendiquez entre les lignes la matrice autobiographique d'un livre comme Les Yeux bleus, cheveux noirs – *histoire de la passion impossible entre une femme et un homosexuel – qui reproduit pourtant le noyau d'un autre de vos récits,* La Maladie de la mort.

Une histoire vécue, oui. Non, il n'y a pas très longtemps, si c'est ça que vous voulez savoir... Peter Handke et Luc Bondy m'avaient demandé, pour la Schaubühne de Berlin, une adaptation de *La Maladie de la mort*. Deux jours après la leur avoir expédiée, j'ai téléphoné pour leur dire de me la renvoyer. En écrivant le texte pour la scène, je me suis rendu compte que j'étais tombée dans tous les travers que j'avais voulu éviter: c'est-à-dire de donner une

forme « construite » à un texte qui ne devait pas
en avoir, un texte qui ne sera jamais « accompli »,
et que c'était justement de cet inachèvement qu'il
tirait sa force. J'avais l'impression d'être victime
d'une fatalité formelle et j'ai réécrit trois fois l'adaptation sans trouver d'issue. J'en ai parlé avec Yann,
je lui ai annoncé que je ne pouvais plus écrire. Lui,
qui connaît ma façon de travailler – des crises, des
remords, des révisions –, il ne m'a pas crue. Et puis
un soir de juin, c'était en 1986, à Trouville, j'ai commencé à écrire comme ça, sur la chaleur, sur les nuits
d'été. Et l'histoire est venue.

Yann Andréa était impliqué dans la lecture du texte ?
Il traversait une grande crise, il draguait en voiture,
jusqu'à dix heures par jour. Quand il arrêtait, il
pleurait et il s'en prenait à moi. Il semblait vouloir me
hurler quelque chose qu'il n'arrivait pas à expliquer,
même à lui. Ensuite il ressortait, je ne savais pas où
il allait : dans des boîtes, je suppose, pour chercher
des hommes, dans des bars, dans les halls des grands
hôtels, tout habillé en blanc. Pendant que j'écrivais
l'histoire d'une femme amoureuse d'un homme qui
déteste, sans le vouloir, son désir même.

En 1985, Peter Handke en a tiré un film.
En se fondant sur mon avis et sur le jugement de
Blanchot, il a refait le texte. Il se l'est même approprié.

Le film est beaucoup, beaucoup plus romantique que je n'avais présenté toute l'histoire. La vraie maladie de la mort, pour lui, entre l'homme et la femme, ce n'est que le manque de sentiment.

Dans La Communauté inavouable [16], *Blanchot parle longuement de* La Maladie de la mort. *À propos de la passion, il écrit :* « *Celle-ci nous engage fatalement, et comme malgré nous, pour un autre qui nous attire d'autant plus qu'il nous semble hors de la possibilité d'être rejoint, tellement il est au-delà de tout ce qui nous importe.* » *Et il écrit plus loin :* « *À mesure que le temps passe, discernant qu'avec elle précisément le temps ne passe plus, et qu'ainsi il est privé de ses petites propriétés, "sa chambre personnelle", qui étant habitée par elle, est comme vide – et c'est ce vide qu'elle établit qui fait qu'elle est de trop –, il en vient à la pensée qu'elle devrait disparaître et que tout serait allégé si elle rejoignait la mer (d'où il croit qu'elle vient), pensée qui ne dépasse pas la velléité de penser. [...] Seulement il commet la faute d'en parler aux autres et même d'en rire, comme si cette tentative qu'il a entreprise avec un extrême sérieux, prêt à y consacrer sa vie, ne laissait en sa mémoire que la dérision de l'illusoire. Ce qui est bien l'un des traits de la communauté, lorsque cette communauté se dissout, donnant l'impression de n'avoir jamais pu être, même ayant été.* » *Nous voudrions prendre, voler contre toutes les lois. Et qui, en réalité, nous échappera toujours. L'accomplissement de tout amour ne se réalise qu'à travers la perte de ce que, en réalité, l'on n'a jamais eu : c'est justement l'altérité entre l'homme et la femme qui crée cette « communauté éternellement provisoire et toujours déjà désertée ». « Inavouable » justement : comme toutes les communautés, celle des amants ne pourra jamais se dire, ni se donner ; et, en se dissipant, laissera la trace de quelque chose qui, tout en ayant déjà eu lieu, n'a jamais existé.*

Oui, c'est exactement ça.

Qu'est-ce qui vous a poussée à publier La Vie matérielle, *cette transcription fidèle d'entretiens autobiographiques – ou plutôt de certaines associations d'idées de votre mémoire – que vous avez accordés à Jérôme Beaujour ?*

L'envie de pouvoir dire des choses que je pense et que je n'ai jamais écrites au cours de ma vie, qui m'ont réjouie ou inquiétée et sur lesquelles, dans mes interviews en général, personne ne m'a jamais posé aucune question.

On parlait, il y a quelque temps, avec Robbe-Grillet, à propos du dernier livre de ses Mémoires, Angélique ou l'Enchantement, *de la « Nouvelle Autobiographie », comme on dit « Nouveau Roman ». Se réclamant du* Contre Sainte-Beuve *de Proust et citant à plusieurs reprises le cas de* L'Amant, *Robbe-Grillet adoptait cette expression*

62

pour désigner de nouveaux styles d'écriture autobiographique, fondés non pas tant sur des données stables ou cohérentes de la mémoire que sur ces séries de «fragments mobiles et flottants dans le texte qui restitueraient justement l'instabilité et le peu de fiabilité du souvenir».

Regardez un texte comme *Savannah Bay*: une vieille femme sur la scène qui revit un passé confus, dont ne reste que l'image d'un rocher blanc et brûlant. Un passé qui se mêle au présent, si irréel qu'il peut avoir été transfiguré, ou même inventé.

Et votre dernier roman, Emily L., *lui aussi a eu une gestation difficile.*

Et comment! Il y a pourtant quelque chose de diabolique en moi, qui en viendrait parfois à me faire faire des livres en une semaine... La même aisance avec laquelle je faisais mes rédactions, en classe.

J'ai l'impression parfois que ce n'est pas moi qui ai écrit *Emily L.* Que j'ai assisté au livre qui se faisait. C'est Irène Lindon, la fille de Jérôme, qui a insisté pour que je le finisse. Elle venait chez moi presque chaque jour prendre les pages, elle les faisait taper à la machine, puis elle me les rendait pour que je les corrige.

Vous-même vous avez déclaré que ce livre ressemblait par certains côtés au Ravissement de Lol V. Stein.

La différence, c'est qu'ici il y a une femme qui

observe l'histoire d'une autre sans y être directement impliquée : rien de ce qui arrive n'est influencé – contrairement à ce qui se passe pour Lola Valérie Stein – par la réalité de l'autre femme, Emily, assise au café.

Le Ravissement de Lol V. Stein est considéré comme votre roman le plus complexe – du point de vue stylistique, et à cause de certaines de ses implications thématiques. Lacan lui-même vous a dédié des pages dans ses séminaires.

J'étais en train de me désintoxiquer, quand je l'ai écrit. Et pour toujours j'associerai le livre à la peur de vivre sans alcool.

Le Ravissement est un roman en soi, l'histoire d'une femme rendue folle par un amour latent, qui ne s'énonce jamais, qui ne passe pas à l'acte. Autrement dit, du moment où, au bal de S. Thala, Lol voit Michael Richardson, son fiancé, partir avec une autre femme, Anne-Marie Stretter, toute sa vie se développera autour de ce manque même, de ce vide même. Lol est prisonnière, folle d'une existence qu'elle ne parvient pas à vivre.

Le vide auquel vous faisiez allusion à l'instant, c'est ce « manque » où Lacan [17] voit l'origine et la fin de toute existence. Le manque d'un ordre, d'un centre où le moi, irrémédiablement déconnecté, pourrait se retrouver.

C'est vrai, tous mes livres naissent et se meuvent précisément autour d'une case toujours évoquée et toujours manquante.

C'est exactement ça. Un personnage qui ne parle pas et qui n'est pas là (Anne-Marie Stretter, le Chinois, le Marin de Gibraltar, la femme de *La Maladie de la mort*), un événement qui ne se produit pas (comme dans *Le Square*, *Le Navire Night*, *Moderato cantabile*, *Les Petits Chevaux de Tarquinia*) font jaillir l'histoire. La nostalgie d'une histoire.

Pour en revenir au Ravissement, *quels furent vos rapports avec Lacan?*

Il m'a parlé de Freud, tout de suite. De l'époque où il prétendait que, dans la recherche et l'analyse de l'objet, les artistes précèdent toujours les analystes. J'ai essayé de lui expliquer que moi-même j'ignorais la genèse de cette Lol.

Il m'estimait, sans doute, avec cette attitude typique de l'homme – intellectuel de surcroît – qui juge la femme.

Quant à moi, je ne le lis pas. Franchement, je n'y comprends pas grand-chose.

Vous vous êtes souvent rencontrés?

Nous nous sommes vus, un soir, je m'en souviens, dans un café du centre de Paris. Pendant deux heures, il m'a assaillie de questions, je répondais à peine, je ne le suivais pas toujours. Lol, disait-il, était l'exemple classique d'un délire clinique – le drame de l'évocation de la scène primitive entre les deux parents et l'enfant –, parce qu'il était convaincu que la clé de tout devait se trouver dans ce nom que, savamment, j'aurais déniché pour la petite folle : Lol V. Stein, c'est-à-dire, je décode : « ailes de papier », plus ce V. qui voulait dire « ciseaux » (selon le langage des sourds-muets) et ce Stein qui signifiait « pierre ». L'association, concluait-il, était immédiate : le jeu de la mourre, c'est-à-dire, « le jeu de l'amour ». Vous êtes, ajoutait-il, « ravisseuse ». Nous, lecteurs, les « ravis »[18].

Croyez-vous dans la psychanalyse ?

Freud est un grand écrivain, facile, si l'on veut. Quant au freudisme, c'est une discipline embaumée qui tourne sur elle-même, elle emploie une langue fausse par rapport au code normal, interférant de moins en moins sur le monde extérieur. Tout compte fait, la psychanalyse m'intéresse peu. Je ne crois pas que j'en aie besoin, peut-être aussi parce que j'écris. Mais au malade mental je ne pense pas qu'il suffise de la conscience de sa propre névrose pour guérir.

Depuis 1943, vous avez publié, à ce jour[19], *quinze romans, sans compter les scénarios et le théâtre. Qu'éprouvez-vous chaque fois qu'un livre va sortir ?*

Tant qu'il ne voit pas le jour, le livre est quelque chose d'informe qui a peur de naître, de sortir. Comme un être qu'on porte à l'intérieur de soi, il réclame de la fatigue, du silence, de la solitude, de la lenteur. Mais une fois sorti, tout ça disparaîtra, en un éclair.

Pour devenir quoi ?

Ce qui appartient à tout le monde, à tous ceux qui, en le prenant en main, veulent se l'approprier. Il faut libérer le livre de la cage de l'écriture, le rendre vivant, capable de circuler, de faire rêver les gens. On me dit que *Hiroshima mon amour* a inspiré une chanson.

Oui, c'est un groupe anglais, Ultravox, qui la chante [20].

J'en suis heureuse. J'aime qu'on s'approprie mes choses.

Pour L'Amour, *vous avez changé d'éditeur en Italie. Ce ne sont plus vos éditeurs habituels (Feltrinelli et Einaudi), mais Mondadori.*

Je suis toujours contente quand on me paye davantage.

Le titre n'est pas original.

Je l'ai décidé après l'avoir terminé, par réaction à tous les autres livres qui s'intitulaient ainsi. Ce n'est pas une histoire d'amour, mais de tout ce qui, dans la passion, reste suspendu, dans l'impossibilité d'être nommé. Le sens du livre est entièrement là, dans cette ellipse.

À propos de l'écriture, Graham Greene parle d'un véritable « writer's block », comme d'une situation dont, tôt ou tard, tout écrivain sera victime. Avez-vous souvenir de moments analogues ?

J'ai déjà parlé de la crise que j'ai traversée pour l'adaptation de *La Maladie de la mort*. Avant 1968 en tout cas, j'écrivais régulièrement, tous les jours, assise à cette table, exactement comme on va au bureau. Puis, à partir de là, tout à coup, la crise : pendant presque un an, mon imagination s'est bloquée.

Et finalement est arrivé *Détruire dit-elle*, comme une fulguration, je n'y ai pas travaillé plus de cinq ou six jours. Dès lors, ça a toujours été comme ça : les livres sortent après de longs, d'infinis silences.

Pour une analyse du texte

La suspension des chevilles syntaxiques, l'abolition d'une certaine linéarité expressive et le triomphe de l'analyse narrative communiquent à votre texte le sens de l'indicible.

Les espaces vides entre un fragment et l'autre, ce que vous appelez des « blancs typographiques » (comme du reste l'écran noir qui rythme certains de vos films), et puis les silences qui, sur la page comme sur la pellicule, succèdent au dialogue, les intermittences du discours, détachent la parole même de son contexte habituel, créant ainsi une nouvelle sémantique.

C'est une rupture des automatismes du langage, une purification de l'usure du temps.

L'imaginaire du lecteur, son désir, ce que vous appelez sa « nostalgie de la fiction », qui ne sont plus emprisonnés ou saturés par la structure de la narration, seront libérés :

non pas tant par une accumulation exagérée de détails, que par leur absence même.

Ce n'est que du manque, des trous qui se creusent dans un enchaînement de significations, des vides que peut naître quelque chose.

Le silence, justement : la retenue, ce qui est tu ou seulement évoqué allusivement, dans un dialogue comme dans un amour, remplit de soi une grande partie de votre œuvre. La seule activité qui identifie vos personnages ne semble confiée qu'à la parole.

Ils parlent comme dans un ultime renoncement à vivre, tentant de combler par des ersatz l'inconsistance de l'existence. Regardez la femme du Camion *: quand le camionneur lui demande de quoi elle parle d'habitude avec les gens qu'elle rencontre, elle se contente de répondre : «Je parle.» Comme pour dire que désormais c'est justement la chose dont on parle qui a perdu son importance. À l'homme et à la fille du* Square, *aux amants de* Hiroshima *ou de* La Maladie de la mort *ou de* La Musica, *du* Navire Night, *de* Moderato cantabile, *il ne leur reste que la parole, nécessaire, dirait-on, à tous les amants du monde, comme une confirmation même de leur « être-là », dernière béquille de l'incommunicabilité. Le discours porte cependant sa propre inutilité en lui-même. L'impossibilité intrinsèque d'atteindre l'autre. S'obstinant à parler, dirait-on, vos personnages* *ne font que se mentir à eux-mêmes. Comme pour copier les rythmes et les rites d'un cérémonial sacré et métaphysique, leurs dialogues, tel le refrain d'une chanson, sont hiératiquement scandés par les phrases mêmes. De nombreux silences entrecoupent la parole : leur valeur – et leur communication – est plus grande que celle de n'importe quelle parole.*

Vous vous souvenez de *La Princesse de Clèves*? Là, vraiment, les silences de la princesse et du duc de Nemours pourraient être dits des silences d'amour. La parole qui, entre eux, manquera toujours, ce n'est qu'un moyen insuffisant et faux d'expression du désir. Mais l'ambiguïté de ce silence amplifie et suspend tout instant de la passion. De même pour Musil. Un livre comme *L'Homme sans qualités* ne pouvait être qu'inachevé.

Regardez le rapport entre le frère et la sœur, où le sexe, évoqué par la parole, ne se matérialise jamais : comme si ce n'était qu'ainsi, au seuil du dicible, que l'on pouvait faire de la littérature.

Pourriez-vous définir les procédés narratifs que vous utilisez?

Tout part de la parole. Le sens du langage que j'emploie ne me concerne même pas sur le moment. S'il y en a un, il se déploiera à l'intérieur du texte, comme pour la poésie de Baudelaire.

Pour L'Amant, *vous avez parlé d'une «écriture courante[21]».*

C'est cette manière de montrer les choses sur la page, en passant de l'une à l'autre, sans insister ni expliquer: de la description de mon frère à celle de la forêt tropicale, de la profondeur du désir à celle du bleu du ciel.

La mémoire, les digressions, les flash-backs ont toujours fait partie intégrante de la structure narrative de vos œuvres.

On pense souvent que la vie est chronologiquement scandée par des événements: en réalité, on ignore leur portée. C'est la mémoire qui nous en redonne le sens perdu. Et pourtant, tout ce qui reste visible, dicible, c'est souvent le superflu, l'apparence, la surface de notre expérience. Le reste demeure à l'intérieur, obscur, fort au point de ne même plus pouvoir être évoqué. Plus les choses sont intenses, plus il leur devient difficile d'affleurer dans leur entièreté. Travailler avec la mémoire au sens classique ne m'intéresse pas: il ne s'agit pas d'archives où puiser des données à notre guise. L'acte même d'oublier, de plus, est nécessaire absolument: si 80% de ce qui nous arrive n'était pas refoulé, vivre serait insoutenable. C'est l'oubli, le vide, la mémoire véritable: celle qui nous permet de ne pas succomber à l'oppression du souvenir, des souffrances aveuglantes et que, heureusement, on a oubliées.

Citant Flaubert et avec lui une grande partie de la tradition littéraire contemporaine, Jacqueline Risset a parlé de votre œuvre comme une série ininterrompue de « livres sur rien [22] ». Des romans construits justement sur le néant.

Écrire, ce n'est pas raconter une histoire : mais évoquer ce qui l'entoure, on crée autour de l'histoire un instant après l'autre. Tout ce qu'il y a, mais qui pourrait aussi ne pas y avoir, ou être interchangeable, comme les événements de la vie. L'histoire et son irréalité, ou son absence.

C'est ainsi que vous expliquez votre usage récurrent et insolite du conditionnel ?

Le conditionnel rend mieux que tout autre mode l'idée de l'artifice qui sous-tend la littérature comme le cinéma. Tout événement apparaît comme la conséquence potentielle, hypothétique, de quelque chose d'autre. En jouant, conscients jusqu'au bout de la fiction et en même temps de la légèreté du jeu, les enfants conjuguent constamment les verbes au conditionnel.

Souvent – je pense à des cas comme Suzanne Andler *et* Le Square *– la fin de vos romans, au lieu d'être des*

conclusions, est marquée par un adverbe, «peut-être»,
qui en connote le caractère aléatoire.

Je me suis toujours méfiée des histoires qui, d'un coup, «se terminent».

Vos «non-histoires» auraient recours à une sorte
de degré zéro de l'imaginaire romanesque. Et pourtant,
vous ne faites que tenir un unique discours, épique et
déjà quelque peu usé: le discours d'amour.

Il n'y a qu'une certaine avant-garde idiote qui a cru renouveler la littérature en se creusant la cervelle pour explorer des lieux inconnus.

L'usage que vous faites du langage semble puiser,
plutôt que dans des formules rares et précieuses, dans
un certain parler courant, nerveux.

Il se produit en moi un processus automatique d'épuration et de contraction du matériau linguistique. Une aspiration à l'économie de l'écriture, à un espace géométrique où se tient toute parole, dans sa nudité.

Dans vos derniers romans, Les Yeux bleus, cheveux noirs *et* Emily L. *(et encore plus dans votre cinéma, grâce*
à l'emploi des voix «off»), vous utilisez la technique
de ce qu'on appelle la «double narration». La narratrice
est quelqu'un qui, tout en étant à la première personne
impliquée dans l'histoire, assiste à une autre histoire

74

qui se déroule simultanément. Le point de vue est donc dévié, dédoublé, par rapport au noyau narratif.

Ce qui parvient au lecteur n'est jamais le récit direct, le compte-rendu brut de ce qui est arrivé. Tout au plus l'émotion, le résidu sublimé. N'est-ce pas comme ça que ça se passe quand nous racontons nos rêves?

Le regard, le croisement incessant des regards qui se perdent l'un dans l'autre, demeure le vrai instrument cognitif pour lequel la réalité des personnages et de l'histoire se dévoile. Des regards qui se superposent les uns sur les autres. Chaque personnage regarde et est regardé par quelqu'un qui, à son tour, est observé par quelqu'un d'autre. Tout cela se produit sans que l'ensemble puisse être ramené vers le regard suprême et omniscient – celui du narrateur, dans ce cas – qui les résumerait tous et les signifierait tous. L'intrigue de Lol V. Stein *est très représentative: une véritable histoire de voyeurisme. L'héroïne montre un intérêt particulier pour le déroulement des autres événements. De même que, au début du récit, Lol avait assisté à la rencontre de son fiancé, Michael Richardson, avec Anne-Marie Stretter, de même, par la suite, dans le désir inconscient de perpétuer à l'infini la scène des deux amants qui en quelque sorte la relèguent à un rôle d'éternelle spectatrice, elle assiste à la rencontre entre Jacques Hold et Tatiana Karl.*

75

Le voyeurisme – les exemples sont nombreux, de certains triangles de L'Amour *aux cas de* Détruire dit-elle, Moderato cantabile, Emily L. *– est une thématique amoureuse constante de votre œuvre. Comme pour vouloir sceller l'hypothèse de la présence continue d'un tiers qui regarde l'avènement de la passion dans un couple.*

J'ai toujours pensé que l'amour se faisait à trois : un œil qui regarde, pendant que le désir circule de l'un à l'autre. La psychanalyse parle de répétition contrainte de la scène primitive. Moi, je parlerais de l'écriture comme troisième élément d'une histoire. D'ailleurs, nous ne coïncidons jamais entièrement avec ce que nous faisons, nous ne sommes pas entièrement là où nous croyons être. Entre nous et nos actions, il y a un écart, et c'est *à l'extérieur* que tout se passe. Les personnages regardent en sachant qu'ils sont à leur tour regardés. Ils sont exclus et, en même temps, inclus dans la « scène primitive » qui se déroule une fois encore, devant eux.

L'emploi d'une linéarité ou succession de la dimension temporelle, dans vos films et dans vos romans, n'est pas respecté. De même que s'est désagrégée l'unité du temps – qui, à travers des flash-backs ou des anticipations de ce qui sera plus tard raconté, revient cycliquement à soi-même –, de même celle de l'action et celle du lieu se défont.

*Le critère que vous suivez est celui de la simultanéité :
non pas une seule, mais trois actions en une seule fois
sont démontées et remontées dans des montages parall-
lèles et resserrés.*

*À chaque événement correspond la rencontre de
quelque chose qui se déroule ailleurs. Le temps de l'histoire vient donc coïncider avec la restitution immédiate
d'un temps intérieur pour les personnages singuliers, et
le flux, libéré, d'une action selon diverses coordonnées
spatio-temporelles.*

Les événements de notre vie ne sont jamais uniques
et ils ne se succèdent pas non plus de façon univoque,
comme nous le souhaiterions. Multiples, irréduc-
tibles, ils se répercutent à l'infini dans la conscience,
ils vont et viennent de notre passé à l'avenir, en se
répandant comme l'écho, comme les ronds dans
l'eau, et en s'entre-échangeant chaque fois.

La littérature

Pourquoi d'après vous commence-t-on à écrire?

Je pense à mon dernier roman, *Emily L.* Emily lit,
elle écrit des poèmes: tout, à vrai dire, a commencé
par la littérature, que lui a suggérée son père, des vers
d'Emily Dickinson, dont le livre, de loin, s'inspire. Je
ne sais pas vraiment ce qui pousse les gens à écrire
sinon, peut-être, la solitude d'une enfance. Pour moi,
comme pour Emily, il y a eu un père, ou un livre, ou
un professeur, ou une femme perdue dans les rizières
de Cochinchine. Vous savez quelque chose? Je ne
pense pas avoir jamais connu personne sans que
je me sois posé cette question: les gens, quand ils
n'écrivent pas, que font-ils? J'ai une secrète admi-
ration pour les personnes qui ne le font pas, et je
ne sais justement pas comment elles le peuvent.

Quel rapport y a-t-il entre l'écriture et le réel?

Tous les écrivains, qu'ils le veuillent ou non,
parlent d'eux-mêmes. D'eux comme de l'événement

principal de leur vie. Là même où, apparemment, nous racontons des choses étrangères à nous, c'est notre moi, ce sont nos obsessions qui sont impliquées. De même pour les rêves – Freud le dit –, ce n'est que notre égoïsme qui transparaît.

L'écrivain a deux vies : une, celle à la surface de soi, qui le fait parler, agir, jour après jour. Et l'autre, la véritable, qui le suit partout, qui ne lui donne pas de repos.

Jusqu'où l'élément autobiographique importe pour vous ?

Ce sont toujours *les autres*, les gens qu'on rencontre, qu'on aime, qu'on épie qui détiennent l'amorce d'une histoire qu'on écrit. Il est stupide de penser, comme pensent certains écrivains, même les grands, que l'on est seul au monde.

Dans Les Yeux ouverts[23], *ses entretiens avec Matthieu Galey, Marguerite Yourcenar prétend : « Quand j'écris, j'accomplis une tâche, je suis sous ma propre dictée, en quelque sorte ; je fais la besogne difficile et fatigante de mettre en ordre ma propre pensée, ma propre dictée. »*

Un fragment après l'autre, peu à peu, sans essayer de trouver des correspondantes immédiates entre les différentes époques : je laisse les liens s'opérer à mon insu.

L'écriture par conséquent comme gestation passive, révélation de quelque chose que l'on connaît déjà.

Il s'agit de déchiffrer ce qui existe déjà en nous à un état primaire, indéchiffrable aux autres, dans ce que j'appelle le «lieu de la passion».

Pourriez-vous définir le processus même de votre écriture?

C'est un souffle, incorrigible, qui m'arrive plus ou moins une fois par semaine, puis disparaît pendant des mois. Une injonction très ancienne, la nécessité de se mettre là à écrire sans encore savoir quoi: l'écriture même témoigne de cette ignorance, de cette recherche du lieu d'ombre où s'amasse toute l'intégrité de l'expérience.

Pendant longtemps, j'ai cru qu'écrire était un travail. Maintenant je suis convaincue qu'il s'agit d'un événement intérieur, d'un «non-travail» que l'on atteint avant tout en faisant le vide en soi, et en laissant filtrer ce qui en nous est déjà *évident*. Je ne parlerais pas tant d'économie, de forme ou de composition de la prose que de rapports de forces opposées qui doivent être identifiées, classées, endiguées par le langage. Comme une partition musicale. Si l'on ne tient pas en compte cela, on fait des livres «libres» justement. Mais l'écriture n'a rien à voir avec cette liberté-là.

Ce serait donc là la raison définitive qui vous fait écrire ?

Ce qu'il y a de douloureux tient justement à devoir *trouer* notre ombre intérieure jusqu'à ce que se répande sur la page entière sa puissance originelle, convertissant ce qui par nature est «intérieur» en «extérieur». C'est pour ça que je dis que seuls les fous écrivent complètement. Leur mémoire est une mémoire «trouée» et toute entièrement adressée à l'extérieur.

Écrire pour exorciser ses fantasmes ? Vous-même vous soutenez la portée thérapeutique de l'écriture.

Enfant, j'avais toujours peur que la lèpre me contamine. Ce n'est qu'après, en écrivant d'elle, de la lèpre, quelque part, que la lèpre a cessé de m'effrayer, si cela peut vous expliquer la chose.

J'écris pour me vulgariser, pour me massacrer, et ensuite pour m'ôter de l'importance, pour me délester : que le texte prenne ma place, de façon que j'existe moins. Je ne parviens à me libérer de moi que dans deux cas : par l'idée du suicide et par celle d'écrire.

Yourcenar prétend qu'un écrivain «est utile s'il ajoute à la lucidité du lecteur, le débarrasse de timidités ou de préjugés, lui fait voir et sentir ce que le lecteur n'aurait ni vu ni senti sans lui[24]».

Oui, les vrais écrivains sont nécessaires. Ils donnent une forme à ce que les autres sentent de manière informe : c'est pour ça que les régimes totalitaires les bannissent.

Quelle est selon vous la tâche de la littérature ?

De représenter l'interdit. De dire ce que l'on ne dit pas normalement. La littérature *doit* être scandaleuse : toutes les activités de l'esprit, aujourd'hui, doivent avoir affaire au risque, à l'aventure. Le poète même est en soi ce risque même, quelqu'un qui, contrairement à nous, ne se défend pas de la vie.

Regardez Rimbaud, Verlaine... Mais Verlaine ne vient qu'après. Le plus grand reste Baudelaire : il lui a suffi de vingt poèmes pour atteindre l'éternité.

Vous faisiez allusion, dans une interview, à des caractéristiques précises qui distingueraient l'écriture masculine de l'écriture féminine.

Il y a un rapport intime et naturel qui depuis toujours lie la femme au silence et donc à la connaissance et à l'écoute de soi. Cela conduit son écriture à cette authenticité qui fait défaut à l'écriture masculine, dont la structure renvoie trop à des savoirs idéologiques, théoriques.

Bref, l'homme serait plus lié au savoir, entendu comme bagage culturel ?

Et donc au pouvoir, à l'autorité qui, en soi, ont peu de rapport avec l'écriture *véritable*. Regardez ce que Roland Barthes a écrit sur l'amour. Des fragments fascinants, méticuleux, intelligents, littéraires, mais froids. De quelqu'un qui ne connaît l'amour que pour l'avoir lu, ou vu de loin, sans connaître les emportements, les pulsions, la douleur. En lui, il n'y a rien qui ne soit extrêmement contrôlé. Ce n'est que grâce à son homosexualité que Proust a pu, en étant projeté dans les méandres de la passion, en faire, en même temps, de la littérature.

Vous ne croyez pas que vous exagérez un peu ?

Par écriture masculine, j'entends celle qui est trop alourdie par l'idée. Proust, Stendhal, Melville, Rousseau n'ont pas de sexe.

En parlant de vos rapports avec Raymond Queneau, vous avez raconté que vous vous étiez brouillée avec lui à cause d'un jugement qu'il avait porté contre votre Square, *le taxant d'un romantisme excessif, alors que l'empreinte que vous aviez voulu y mettre était fortement matérialiste.*

Cette fois, vraiment, il n'a pas compris. Pas plus que ne l'ont compris ceux qui n'ont lu ce livre que comme une histoire d'amour...

Quel autre souvenir de Queneau et de vos rencontres avec lui gardez-vous ?

84

Je l'aimais bien. *Zazie dans le métro* est un livre extra-ordinaire, je trouve : mais qui sait, je me demande, comment il aurait fini, Queneau, s'il n'avait pas eu peur de lui-même, du fond obscur de ses pensées.

Vous parliez d'écriture à l'époque où vous le fré-quentiez ?

Il avait une manière à lui de parcourir les manus-crits qui arrivaient chez Gallimard : il prétendait qu'il suffisait de quelques pages pour se faire une idée, non pas tant pour savoir si le livre était plus ou moins réussi, mais pour savoir si l'auteur était un amateur égocentrique qui s'épanchait sur la page comme une jeune fille dans son journal, ou si, au contraire, il s'agissait d'un véritable – même si ce n'était pas d'un bon – écrivain. L'écrivain, me disait-il, est quelqu'un qui se rend compte qu'il n'est pas seul face au texte.

Quels ont été vos rapports avec les auteurs du Nouveau Roman, Nathalie Sarraute, Alain Robbe-Grillet, Claude Ollier, Claude Simon ?

Tous trop intellectuels pour moi. Avec une théorie de la littérature à laquelle se tenir et ramener toute imagination. Moi, non, je n'ai jamais eu d'idées à ce propos, d'enseignement à donner...

Nathalie Sarraute est une de mes très chères amies : bien sûr, j'ai toujours pensé que ses essais, sur Dostoïevski [25], par exemple, étaient supérieurs à ses romans, toujours trop cérébraux. Il y a quelques années, elle s'est mise elle aussi à écrire dans le style autobiographique. Mais qui parmi nous a lu *Enfance*? On dit qu'elle a très peu vendu [26]. Robbe-Grillet en est au troisième tome [27] de sa saga familiale. Mais, dites-moi, on parle encore de ses livres en Italie? D'accord, c'est un homme très brillant, un enthousiaste... Je me rappelle une fois où, un peu confusément comme il faisait, sans méchanceté d'ailleurs sans doute, il m'a accusée d'être répétitive [28]. Comme si insister sur certains sujets, de livre en livre, cela voulait forcément dire manquer d'imagination. Tout texte nouveau que je fais remplace l'ancien, l'amplifie, le modifie.

On a parlé, vers les années cinquante, à l'époque de romans comme Un barrage contre le Pacifique *ou* Moderato cantabile *de certaines affinités stylistiques et thématiques entre vous et l'École du Regard.*

Je n'aime pas ce sujet. Je dis simplement que mes maîtres sont et seront toujours d'autres écrivains: les dialogues de Hemingway, les analyses amoureuses de Madame de La Fayette et de Benjamin Constant, et puis Faulkner, Musil, Rousseau.

Que pensez-vous de certains écrivains français contemporains, comme Philippe Sollers, Michel Tournier, Michel Leiris, Michel Butor?

Qui les lit ? Je les soupçonne d'être ennuyeux. Des gens comme Butor : après *La Modification*, je crois qu'il avait peu à dire. Sollers[29] est trop limité : quelqu'un comme lui, qui fait tout pour amener à lui le grand public et faire parler de lui en scandalisant la bourgeoisie par des sujets qui ne choquent en réalité plus personne, ne doit pas avoir une grande confiance en lui-même.

Et puis, écoutez, ces gens-là, je crois, ne me supportent plus. Ils sont envieux, comme la plupart des critiques qui s'insurgent chaque fois que j'interviens dans les journaux ou que j'apparais à la télévision, prêts à m'attaquer comme l'an dernier, quand Godard et moi[30] avons parlé de cinéma et de livres à la télévision.

Aucun d'entre eux en tout cas n'écrira jamais un livre comme *Le Ravissement de Lol V. Stein*.

Vous connaissez les « Nouveaux Philosophes » ?

Ce n'est pas qu'ils soient antipathiques. Au contraire. Mais ils me semblent être simplement des jeunes gens un peu provinciaux, atteints de parisianisme et de snobisme de gauche, on n'aurait pas grand-chose d'autre à dire à leur propos, surtout pour quelqu'un comme moi, qui ai vécu des années d'une tout autre épaisseur culturelle.

On disait, avant que Marguerite Yourcenar ne meure,
que vous vous partagiez, elle et vous, la première place
des lettres françaises au féminin.

Yourcenar siégeait à l'Académie française. Moi
non. Quoi d'autre ? *Les Mémoires d'Hadrien* sont un
grand livre : le reste, à partir des *Archives du Nord*,
me semble illisible. Je l'ai abandonné à la moitié.

Parfois, dans la rue, on me prenait pour elle. Vous
êtes bien la romancière belge ? Oui oui, je répondais,
et je filais.

Que pensez-vous de la littérature engagée, comme
celle d'Albert Camus ?

Je vous l'ai dit, les contemporains m'ennuient.
Dans la plupart des cas. Je devinais que ses livres
avaient été construits de la même manière, selon le
même artifice, la même visée moralisante. La seule
idée qu'on puisse penser la littérature comme un
moyen d'étayer une thèse m'assomme.

Venons-en à votre rapport avec Sartre.

Je pense que Sartre est la raison du si regrettable
retard culturel et politique de la France. Il se considérait comme l'héritier de Marx, l'unique véritable
interprète de sa pensée : c'est de là que sont les ambi-
guïtés de l'existentialisme. Si l'on pense à Conrad
d'ailleurs, on ne peut même plus parler de lui comme
d'un vrai écrivain : désormais il n'est plus qu'une

figure isolée, recroquevillée sur elle-même, dans une sorte d'exil forcé. Avant la guerre, comme je l'ai fait moi-même, il fallait que l'intellectuel s'inscrive au Parti et, au lieu de militer comme il aurait dû le faire, Sartre s'est attaqué à la prétendue «faute de l'intellectuel»: faute qui lui revenait en premier lieu [31].

Parmi vos visiteurs assidus, dans les années cinquante, il y avait aussi Georges Bataille.

Nous avons été très amis, mais rien ne parviendra à m'ôter de l'idée – ou du moins du soupçon – que Bataille avait en lui quelque chose de très catholique. Une espèce d'ambiguïté envahit toute son œuvre: comme s'il avait été torturé par un sentiment de culpabilité très ancien qui le repoussait et le fascinait en même temps. Ses écrits érotiques en sont la confirmation: et pourtant ils traitent d'une transgression extérieure. Quelque chose qui concerne plus la jouissance stérile sur le papier qu'une jouissance, vivante, éprouvée dans le corps.

Quant à son usage de la langue, la grandeur de Bataille tient à sa façon de «ne pas écrire» en écrivant.

L'absence de style dans *Le Bleu du ciel*, c'est de vouloir à tout prix faire le vide de toute mémoire littéraire en soi. En redonnant, en un certain sens, au mot, émondé de toutes ses autres implications, une valeur première. De même les personnages du livre, libérés des scories de l'individualisme bourgeois, vont vers l'anéantissement, la dissolution du «moi».

Vous avez longtemps fréquenté des écrivains et des intellectuels italiens, comme Elio Vittorini, Italo Calvino, Cesare Pavese, Giulio Einaudi [32]. Vous connaissez bien l'Italie pour y avoir passé une grande partie de vos vacances dans les années cinquante et soixante. Que pensez-vous de la littérature contemporaine italienne?

J'ai cessé de la lire après le milieu des années soixante. Évidemment, il y a eu Vitaliano Brancati, Italo Svevo, Carlo Emilio Gadda. Vittorini, pour être véritablement grand, aurait dû quitter l'Italie. Se déprovincialiser, vous voyez.

On connaît votre prédilection pour Elsa Morante.

C'est vrai. *La Storia*, l'histoire de cette femme qui marche seule dans les rues bombardées de Rome, avec son chien et son enfant, est une image dont je ne parviens pas à me défaire. Je crois que j'ai aimé Morante pour ça et, juste quand j'aurais souhaité la rencontrer pour parler de son roman, elle est morte, avant que je ne puisse le lui faire savoir [33].

La critique

Quand est-ce qu'on a commencé à parler de vos livres?
En 1958, avec *Moderato cantabile*. La critique a été
partagée sur ce cas et depuis ça a toujours été comme
ça. Certains ont ressorti le Nouveau Roman: «Une
histoire qui n'en est pas une», ont-ils dit.

*Et puis il y a eu des années de silence, de désintérêt
de la plupart des critiques et d'une majeure partie du
public pour votre œuvre. Et soudain, en 1984, éclate le
cas Duras: L'Amant se vend à un million et demi d'exemplaires rien qu'en France, il est traduit dans vingt-six
langues. Comment expliquez-vous ce brusque revirement?*
Chaque fois que sort un livre, la critique fait en
sorte que l'auteur se sente en faute, ait besoin de
justifier son travail, son existence même. Avec moi,
ici, en France, ça s'est toujours passé comme ça. Maintenant ça suffit. Ce n'est pas moi ni mon écriture d'ailleurs qui avons changé. C'est le public. Maintenant
les gens lisent aussi des choses difficiles, dures. Et s'ils

ne les comprennent pas, s'ils ne saisissent que ce qui est *dit*, ce qui est clair dans un texte, ils continuent quand même, ils dépassent les passages obscurs. On procède par sauts, de la lumière à l'obscurité, dans la littérature moderne. Et il en est de même pour les progrès de la science. Même si on ne sait pas où et jusqu'où avancer, on avance quand même.

L'Amant *vous a valu, à soixante-dix ans, la plus prestigieuse des reconnaissances littéraires, le prix Goncourt.*

Me l'avoir donné – simplement parce qu'il n'y avait aucune raison valable de ne pas me le donner – est un fait politique : ça inaugurait une façon nouvelle d'entendre le sens de ce prix qui, par tradition, était donné à de jeunes écrivains comme un encouragement à la littérature.

Même dans l'entourage du Goncourt, on sent l'influence de cette « ère Mitterrand » où tout le monde veut entrer dans les rangs…

Pendant presque dix ans, j'ai vécu de mes droits allemands. Puis je suis passée à ceux qui me venaient d'Angleterre. En France, j'étais une clandestine, sur moi régnait une sorte de black-out.

Ce qui, du reste, me rapproche des autres femmes qui écrivent (qui écrivent vraiment, à partir de Colette), c'est cette manière de me sentir « un enfant terrible » de la littérature. La critique a toujours censuré tout ce qui émane de certains domaines du féminin : le thème de l'amour, la confession, l'autobiographie. Pendant des années, la transgression de la femme s'est exprimée et cantonnée dans la poésie : j'ai voulu la transférer dans le roman, et beaucoup de ce que j'ai fait, je crois, est révolutionnaire.

Que pensez-vous des prix littéraires ?

Mon idéal serait un prix qui mette fin à la critique toute-puissante qui en France est assujettie aux règles du pouvoir : l'institution, avant même la valeur littéraire d'une œuvre. L'objectif du livre devient le prix même. Il faudrait pouvoir juger avant tout le jury, pour que prévalent des intentions novatrices : voilà pourquoi j'ai refusé de faire partie du jury Médicis quand on me l'a proposé. Et le prix qu'ils ont donné à Claude Ollier n'a pas suffi à me faire me raviser.

Le black-out dont vous parliez tout à l'heure vous a conditionnée ?

Non. Ma littérature s'est imposée d'elle-même. Les doutes, si j'en avais, concernaient l'écriture même, pas le sujet de mes livres : il me suffisait que, sans même devoir les imposer, certaines choses se produisent dans la tête des gens.

Il y a des lecteurs, aujourd'hui, qui pensent surtout à vos premiers livres.

Une foule de vieux lecteurs me reprochent de « ne pas être aussi simple qu'autrefois ». Je ne peux pas leur donner tort : *L'Amant*, *La Maladie de la mort*, *Emily L.* sont des livres difficiles, on procède par ellipses, silences, sous-entendus. Une complicité presque amoureuse est nécessaire entre le texte et le lecteur, qui puisse dépasser une simple compréhension des phrases en elles-mêmes.

Vous auriez envie d'indiquer un mode d'emploi pour « lire Duras » ?

Une lecture non continue, qui aille par sauts, sauts de température, par rapport aux habitudes du lecteur. Contrairement à la linéarité du roman classique, balzacien, il s'agit de livres ouverts, inachevés, qui, en dernière instance, visent à un monde en devenir, qui ne cesse jamais de bouger.

Vous ne pensez pas qu'il puisse exister des façons d'éduquer les gens, de les orienter vers certains modèles précis de lecture ?

La meilleure chose est de laisser certains processus se faire d'eux-mêmes.

Vous pensez qu'il y a eu des malentendus entre vos lecteurs et vous, ces dernières années ?

Si c'est le cas, c'est qu'ils ont à voir avec la morale, pas avec le fait littéraire. Prenez le cas de *L'Amant*. Ce que je trouve extraordinaire dans la vie de la petite Blanche, des tas de mères l'ont trouvé aberrant.

À en juger par les précautions que vous avez prises dans les premières pages ou dans la quatrième de couverture de vos derniers livres – des sortes d'auto-défenses des textes mêmes –, on dirait que vous avez en tout cas besoin de beaucoup d'attention de la part du public.

Je suis obsédée par l'idée que mes livres ne plaisent pas. Quand je sais qu'il n'en est pas ainsi, je suis tranquillisée et je n'y pense plus, mais j'oublie difficilement les éreintements. En 1964, on a critiqué *Le Ravissement*, et bien après, les années passant, quand le même journal – je ne le cite pas – m'a demandé de collaborer, je ne pouvais pas cesser d'y penser.

Dans Détruire dit-elle *et même dans* Nathalie Granger, *certains personnages laissent entendre qu'on pourrait – et même y invitent carrément, non sans emphase – déchirer et jeter les livres.*

Je pensais qu'il était nécessaire de détruire le savoir, de s'en libérer pour pouvoir le recréer. Maintenant je crois qu'on ne doit déchirer les livres qu'après avoir énormément lu. Et puis, tout de suite après, les entasser.

95

Et vous, comment lisez-vous ?

Je lis la nuit, jusqu'à trois, quatre heures du matin : l'obscurité, le noir autour de soi, ça ajoute beaucoup à la passion absolue qui s'établit entre le livre et nous. Vous ne trouvez pas ? La lumière du jour disperse les intensités en quelque sorte.

Quelles sont vos lectures ?

J'ai retrouvé *La Princesse de Clèves*, toujours lu trop vite. C'est un livre très beau, que je voudrais avoir écrit. Son extraordinaire modernité tient justement dans ce jeu paroxystique des regards qui se croisent sans jamais se rencontrer, de ces paroles qu'ils s'échangent sans jamais les prononcer vraiment, et de ces silences interminables où, en réalité, se dissimule la profondeur indicible de la vérité, comme dans tout amour. Et puis, bien sûr, il y a les livres qui m'accompagnent toujours : *Moby Dick*, *L'Homme sans qualités*, la Bible. Je suis en train de relire *Les Confessions* de Jean-Jacques Rousseau, et le *Journal* de Jules Renard : les carnets des grands écrivains, résumés de toute une vie et de toute une époque, offrent des lectures extraordinaires, désordonnées, sans les contraintes des structures narratives.

Quant aux essais, ex-patrimoine des lettres françaises, même certains grands comme Jacques Le Goff

96

ou Georges Duby, je trouve qu'ils ressassent des concepts comme « l'ignorance, le doute » qui, en eux-mêmes, n'ont plus rien de créatif. Ils ne conduisent plus nulle part.

Une galerie de personnages

La façon la plus profonde d'entrer dans un être, selon Marguerite Yourcenar, c'est « de tâcher d'entendre, de faire le silence en soi pour entendre ce qu'[il] pourrait dire dans telle ou telle circonstance. [...] Ne jamais rien y mettre du sien, ou alors inconsciemment, en nourrissant les êtres de sa substance, comme on les nourrirait de sa chair, ce qui n'est pas du tout la même chose que de les nourrir de sa propre petite personnalité, de ces tics qui nous font nous[34]. » Vous, quelle technique utilisez-vous dans la construction de ces personnages récurrents dans votre univers romanesque et cinématographique?

L'image se forme lentement, comme si c'étaient des photos délavées à reconstituer par le regard et l'imagination, à travers les détails qui ont survécu. Ce n'est jamais la forme entière, l'expression du visage d'un personnage que je parviens à voir, tout au plus certains détails morcelés, ou même un simple geste qui le caractérise, comme dans la peinture cubiste.

Vos personnages échappent aux typologies ou aux descriptions objectives. Ce sont des êtres déconnectés de toute réalité, contingence ou définition. Énigmatiques, suspendus entre folie et normalité, cris et silences, ils surgissent sur la scène de manière soudaine, privés de cette nécessité fatale qui d'ordinaire sous-tend les mécanismes classiques de la fiction. Un cérémonial, quelque chose de rituel envahit tous leurs actes, leurs paroles incessantes. Mais il manque en tout cas la définition d'un cadre psychologique caractérisant le personnage lui-même.

Le héros du roman traditionnel, balzacien, possède une identité à lui, lisse, inoxydable, préétablie par le narrateur. Mais l'être humain n'est qu'un simple faisceau de pulsions déconnectées : et c'est tel que la littérature doit le restituer.

Votre travail repose plus sur le démembrement que sur une progressive construction de la personnalité de vos héros.

Je les saisis à ce stade inachevé de leur construction et déconstruction, parce que ce qui m'intéresse, c'est l'étude de la fêlure, des vides impossibles à combler qui se creusent entre le mot et le geste, des résidus entre ce qui est dit et ce que l'on tait.

Plus que toute autre expression, c'est le dialogue qui caractérise les personnages. Ce qui précède l'essence de leur nature profonde, le flux des consciences, c'est l'image

d'une existence que l'on n'évalue que par la parole,
l'action contingente. L'urgence intime qui meut les per-
sonnages n'est pas dévoilée ni même analysée.

De sorte que le lecteur ne pourra jamais s'identifier à eux, contrairement à ce qu'il fait d'habitude,
en s'abandonnant à un psychologisme de surface.
Mais la parole de mes personnages – comme celle
de tous, peut-être – recèle plutôt qu'elle dévoile leur
essence. Tout ce qu'ils tentent de dire, de penser,
n'est que la tentative d'assourdir leur propre voix.

Si les personnages masculins incarnent le plus souvent
des aspects d'une personnalité faible, incertaine – je pense
au vice-consul de Lahore, à Monsieur Jo, à Jacques Hold,
à Chauvin, à Michael Richardson [35], *au représentant*
du Square *–, c'est aux rôles féminins que vous confiez*
une force, le besoin radical d'expérimenter la totalité
du sentiment.

Oui, les femmes sont les véritables dépositaires
d'une ouverture totale vers l'extérieur, la vie, la force
débordante de la passion. C'est pourquoi, je pense,
la femme est plus projetée vers l'avenir, des formes
de vie qui se renouvellent, comme les héroïnes,
silencieuses, de *La Maladie de la mort, Les Yeux bleus,*
cheveux noirs, Emily L. L'homme est plus fossilisé
dans un passé dont il ne sait pas sortir, prisonnier
d'un désir qu'il voudrait mais ne peut désespérément

pas se donner. Toutes les héroïnes de mes films et de mes livres, en revanche, sont comme des sœurs d'Andromaque, Phèdre, Bérénice : martyres d'un amour qui les submerge, jusqu'à atteindre le sacré.

La foule des hommes et des femmes qui remplissent vos livres semble dériver d'un archétype qui, à divers degrés, les traverse tous. Anne-Marie Stretter et Lol V. Stein représenteraient la genèse du féminin, le vice-consul de Lahore, celle des personnages masculins.

Lol est l'emblème d'une femme terrassée par le désir éternel, anéantie une fois pour toutes par la masse de son expérience et de sa mémoire. Tout en continuant à vivre, après l'épisode du bal de S. Thala, Lol mènera une existence qui ne l'enveloppera que comme quelque chose d'étranger, qui n'est lié qu'à son corps ou à l'instinct animal. Refouler la douleur, c'est pour elle acquérir une sorte de virginité nouvelle, au point de devoir chaque jour se souvenir de tout comme pour la première fois. Quant à Anne-Marie Stretter, je crois vraiment avoir commencé à écrire pour elle : comme si ce que j'ai écrit n'avait été que la réécriture incessante de la fascination subie, un jour, par la langueur presque mortelle de cette femme. Je me rappelle la première fois où je l'ai vue arriver, c'était la femme de l'ambassadeur de France à Saigon. Elle est descendue d'une grande voiture noire, sa robe décolletée qui découvrait son corps blanc et mince, sa coiffure française, elle s'est avancée sur la route, d'un pas léger, lentement. Je n'ai plus cessé de la guetter. Je la voyais sortir de chez elle, dès que le soleil tombait et que la chaleur s'apaisait, d'une beauté pour moi inaccessible.

La nouvelle qu'un homme, son jeune amant, s'était tué à Luang Prabang, au Laos, par amour pour elle, m'a beaucoup troublée. Mère et adultère, dès lors, cette femme est devenue mon secret, l'archétype féminin et maternel que ma mère, trop folle, n'a jamais été.

Dans *Le Vice-Consul*, en revanche – et d'ailleurs dans nombre d'autres hommes de mes livres, du Chinois à l'homme de *La Maladie de la mort* –, il y avait une douleur, une faiblesse si grande, une incapacité à vivre, fondée précisément sur le refus total de soi et du social. C'est du moins ainsi que le percevait mon regard adolescent. L'histoire d'amour impossible entre Anne-Marie Stretter et lui représente à partir de ce moment l'histoire d'amour absolu et celle de la totalité de l'Inde coloniale.

L'univers durassien est statique et étouffant. Lieu confiné dont pas même le lecteur n'a le sentiment de pouvoir sortir. Il suffit de penser au passage délimité par la montagne et la mer dans Les Petits Chevaux de

Tarquinia, *à la forêt d'*Un barrage contre le Pacifique *et de* Détruire dit-elle, *aux pièces nues de nombre de vos romans, où les amants se désirent.*

L'humanité dont je parle supporte mal notre monde, elle n'est en mesure de dépasser la névrose qui la paralyse que par un geste extrême, comme l'Alissa de *Détruire*, ou comme tous les autres, par le renoncement même. Les lieux où cela se produit reflètent cette angoisse qui est la leur.

Rien de ce qui arrive au-dehors, loin des abîmes de la conscience des personnages, de leurs silences et du caractère aléatoire de leurs propos, ne semble les concerner.

L'extérieur, sauf pour quelques aspects exotiques (l'Indochine de vos premiers romans) ou pour un vague contexte historique (la question coloniale qui transparaît dans Un barrage contre le Pacifique, *la guerre qui sert d'arrière-fond à* Hiroshima mon amour, *ou la contestation des étudiants dans* Détruire dit-elle), *vous n'y faites que vaguement allusion.*

L'extérieur ne m'intéresse que par son effet sur la conscience de mes personnages. Tout se produit, irrémédiablement, dans le microcosme étouffant du «moi».

Le cinéma

Vous allez souvent au cinéma?
Plus beaucoup. Dans les films qui sortent en vidéo
et que je vois au magnétoscope avec Yann, rien ne me
semble frappant, rien de quoi bouleverser une vie.
On voit pas mal de bons cinéastes, excellents tech-
niciens, mais incapables d'inventer un langage neuf,
quitte à se tromper.

Si, comme vous le dites, «les gens vont au cinéma
pour se sentir moins seuls et pour qu'on leur raconte
des histoires», que pensez-vous de la dépendance par
rapport à la télévision?
La télévision est nécessaire: il faut la regarder
tous les jours, comme moi, attentivement, tout en
sachant que c'est un bavardage creux, une réalité
aplatie. Voir les journaux télévisés, les émissions de
variétés, les matchs, c'est rester au milieu des autres,
abolir la distance avec certains pans de notre époque

que, sans ça, on ne connaîtrait jamais. Évidemment, il y a des spectateurs passifs. Qui la regardent pour s'épargner l'effort de lire ou de parler.

Quand on se donne rendez-vous avec des amis à Paris, c'est toujours au moins pour la semaine suivante : il ne reste plus, pour communiquer, que le téléphone, la nuit.

La télévision est souvent allumée chez vous. Yann et vous, vous suivez les émissions sportives, n'est-ce pas ?

En mai 1985, quand il y a eu l'émeute sanglante de Heysel, en Belgique [36], j'étais devant mon poste, j'ai tout vu en direct. J'ai cru devenir folle, devant le tourbillon convulsif de ces images. J'étais là et ça ne servait à rien. Je me suis mise à crier.

Il y a deux ans, en France, on a pas mal parlé d'une rencontre que vous avez eue avec Michel Platini [37] et que vous avez publiée dans les pages sportives de Libération *(les 14 et 15 décembre 1987) [38].*

Je suivais Platini depuis des années, dans tous les matchs. Il me plaisait et je l'admirais. Le foot, je trouve, a ce pouvoir-là : il déchaîne chez le joueur – et peut-être chez le spectateur – ce fort sentiment d'humanité, cette vérité un peu enfantine qui m'émeut chez les hommes, maintenant encore.

Et maintenant venons-en à votre cinéma. La Musica, en 1966, a été votre premier film[39]. Que vous rappelez-vous de vos débuts de cinéaste ?

J'ai commencé tout de suite à vouloir définir un *cinéma Duras*: un langage qui serait à moi, sans peur aucune. Et qui ne pourrait renvoyer à aucun de mes maîtres.

Vous croyiez dans la possibilité d'un cinéma nouveau ?

Un cinéma autre, ça oui. Comme s'il s'agissait d'un moyen encore en partie à explorer.

Quels ont été vos premiers scrupules en tentant de traduire les évocations écrites sur la pellicule ?

Je voulais rendre le silence. Un silence vivant, riche. Comme quelque chose qu'on aurait pu entendre.

Êtes-vous encore convaincue de ce que vous avez écrit, il y a quelques années, à propos de votre cinéma : « Je fais des films pour occuper mon temps. Si j'avais la force de ne rien faire, je ne ferais rien. C'est parce que je n'ai pas la force de ne m'occuper à rien que je fais des films. Pour aucune autre raison. C'est là le plus vrai de toute mon entreprise[40] » ?

Oui.

Presque vingt films[41] et autant de romans. Quelle différence y a-t-il entre vos activités d'écrivain et de cinéaste ?

Par sa nature « extérieure » – œuvre collective,

manière d'être *dans* la vie, *avec* les autres – le film ne participe pas de cette urgence, de cette obsession de l'écrit. Le film éloigne, peut-on dire, l'auteur de son œuvre, l'écriture, tissue de silence, d'absences, l'y jette, irrémédiablement, à l'intérieur. Nul n'est seul comme un écrivain.

J'ai fait des films, souvent, pour échapper à ce travail effrayant, interminable, malheureux. Et pourtant, j'ai toujours eu envie d'écrire plus que de toute autre chose.

Pourrait-on lire votre texte comme un « texte infini », c'est-à-dire qui prolifère sur lui-même et sur votre mémoire, déborde de son propre contexte : autrement dit de la page à la pellicule.

C'était comme si le mot que j'écrivais renfermait déjà en soi son image. La filmer, c'était poursuivre, amplifier le discours. Continuer à écrire, sur l'image. La question n'était pas de trahir le halo du texte, mais plutôt de l'exalter, d'en découvrir toute la présence physique.

Comment caractériser votre travail cinématographique ?

La réalité reproduite par le cinéma classique ne m'a jamais concernée. Tout est trop *dit*, trop montré : un excès de sens où, paradoxalement, le contexte s'appauvrit.

Mon cinéma ne camoufle pas, ne refoule pas ce qui n'est pas fonctionnel, organique pour l'unité expressive de la fiction, il est tout au plus fait de lacérations, de superpositions, de déphasages constants du matériau, d'écarts, de dissolutions : tout cet imaginaire qui est censé restituer l'hétérogénéité et l'irréductibilité mêmes de la vie.

Il y a un passage, dans *L'Homme sans qualités*, qui résume la signification de ce que je vous dis là : « [...] il lui vint à l'esprit que la loi de cette vie à laquelle on aspire quand on est surchargé de tâches et que l'on rêve de simplicité n'était pas autre chose que la loi de la narration classique ! De cet ordre simple qui permet de dire : "Quand cela se fut passé, ceci se produisit !" C'est la succession pure et simple, la reproduction de la diversité oppressante de la vie sous une forme unidimensionnelle, comme dirait un mathématicien, qui nous rassure : l'alignement de tout ce qui s'est passé dans l'espace et le temps le long d'un fil, ce fameux "fil du récit" justement avec lequel finit par se confondre le fil de la vie. Heureux celui qui peut dire "lorsque", "avant que" et "après que" ! [...] Ulrich s'apercevait maintenant qu'il avait perdu le sens de cette narration primitive à quoi notre vie privée reste encore attachée bien que tout, dans la vie publique, ait déjà échappé à la narration et, loin de suivre un fil, s'étale sur une surface subtilement entretissée[42]. »

On a reproché à votre cinéma d'être excessivement lit-téraire. Un cinéma qui concéderait trop à la lente indé-termination de chaque séquence.

Le *temps intérieur* que je veux restituer sur la pel-licule n'a aucun rapport avec le temps «narratif» comme on l'entend d'ordinaire dans un film.

À cause de l'emploi prolongé du plan-séquence, du panoramique, du fondu au noir, de la fixité de chaque scène séparée, déterminés précisément par une certaine immobilité de la caméra, on a parlé de «non-cinéma» ou d'«anti-cinéma» à votre propos.

L'immobilité de la scène n'est qu'apparente. Comme le tourbillon des courants sous la surface plane de la mer ou le murmure des voix qui se cache derrière les silences. On dit que le cinéma est mou-vement : d'accord, mais certaines paroles, certains regards, certains silences ne bougent pas moins que deux hommes qui, en scène, se battent ou marchent.

Qu'est-ce que le «vrai» cinéma pour vous?

Son essence tient, je crois, à des formes archaïques, pauvres, élémentaires. C'est pour cela que j'ai voulu ramener le cinéma à un degré zéro de son expression, à un état presque primitif. Suggérer, ne pas définir. Sans appauvrir le cinéma, en l'assimilant à certains résultats artistiques qui ont déjà été ceux du muet, à l'époque des frères Lumière ou de Marcel L'Herbier.

À l'aube du cinéma, le noir et blanc, par exemple, possédait une intensité – regardez Dreyer, Murnau – que la pellicule en couleurs n'aura jamais.

J'aimerais retrouver ces blancs, ces contrastes dramatiques. Quant à la couleur, je voudrais l'utiliser pour caractériser certains aspects de la réalité, pas pour l'embellir dans l'intention d'exercer une plus grande emprise sur le spectateur.

Vous avez toujours fait des films « pauvres ». Si vous aviez eu plus de financements, auriez-vous changé de registre ?

Non, la pauvreté de moyens – treize millions d'anciens francs pour *Le Camion*, dix-sept [43] pour *Son nom de Venise dans Calcutta désert* – s'adapte bien à la nature de la réalité que j'ai décrite. Minée, déchiquetée. La beauté des films, je crois, tenait aussi aux budgets réduits et dans le très peu de temps (jusqu'à huit jours parfois) que j'ai eu à ma disposition pour les tourner.

Comme sur la page donc, votre opération vise à la soustraction, au dépouillement du matériau narratif.

Je me suis contentée d'éliminer le superflu, ce qu'on appelle les « événements-charnières » qui d'ordinaire, dans un film, servent à connecter entre elles les différentes séquences, en donnant à tout le contexte cette sensation de « naturel », cette illusion de réalité. Au contraire, j'ai toujours voulu stimuler la conscience du spectateur, en le contraignant à s'efforcer de mettre ensemble ce qui, jusque-là, lui était donné pour unifié, et comme prédigéré.

À quel type de spectateur vous êtes-vous adressée?
À ces quinze mille personnes qui aiment mon cinéma. Il existe une catégorie précise de specta-teurs-enfants que je ne pourrai jamais atteindre, pour laquelle le cinéma est un passe-temps, un jeu qui consiste à se perdre [44].

Vous-même, vous avez assisté à l'intolérance de beaucoup de spectateurs durant la projection de vos films. Est-ce que cette absence de popularité vous a pesé [45]?
Détruire dit-elle a été le premier film où, il y a vingt ans, j'ai compris que le consensus ne me concernait pas. Les producteurs voulaient me dissuader de me mettre encore une fois en jeu moi-même: «Tu es sûre de ce que tu fais?» me demandaient-ils. Beaucoup d'amis, tout en m'aimant comme écrivain, ne sup-portaient pas mon cinéma. Ils me demandaient quel besoin j'avais d'en faire.

Je ne répondais même pas. Les gens ne peuvent pas comprendre qu'on puisse faire quelque chose en sachant que ça n'en vaut pas la peine.

Et si la presse m'a ignorée, les étudiants ne cessent de faire des thèses sur mon cinéma.

Dans la quatrième de couverture de deux de vos livres les plus récents, La Douleur *et* Les Yeux bleus, cheveux noirs, *vous incitez les lecteurs à lire le texte au nom de son absolue vérité.*

Pour la sortie du film-scandale L'Homme atlantique, *en revanche, vous avez publié un article dans* Le Monde[46] *pour dissuader les spectateurs de venir le voir. De façon provocante, vous exigez d'eux une participation totale, inconditionnée, une sorte de dévotion, de foi en votre travail.*

Je voulais en effet dissuader de voir ce film. Ça ne valait pas la peine. Ils allaient s'ennuyer à mourir. Pendant presque toute sa durée (trente minutes sur quarante-cinq), l'écran reste noir.

Comment avez-vous utilisé la caméra?

Comme si c'était mon propre regard projeté à l'extérieur : sans en trahir les plus subtils sous-mouvements. De la même manière que je refuse le rôle du romancier classique, omniscient et omniprésent, je refuse cette invasion de la caméra qui, d'en haut, domine, emprisonne et objective l'intrigue. La caméra doit être souple, privilégiant la multiplicité d'événements, prendre des rôles différents, interchangeables, en se déplaçant avec la même imperceptible mobilité que les yeux des personnages. La caméra est là pour les suivre, pas les remplacer.

Quel rôle tenait pour vous la phase du montage?

Fondamental. La chambre noire où on coupe le film et où il se recompose dans la solitude et le silence, dans une lenteur douloureuse, ressemble au processus même de l'écriture : même cérémonial. Au cinéma comme sur la page, l'essentiel, c'est d'effacer. Tourner peu, rien que le nécessaire. En donnant au spectateur le moins à voir possible, et le plus à comprendre, à écouter.

À écouter?

En filmant, parfois je me rendais compte que tout ce que mes acteurs étaient en train de dire était moins important que le timbre de leur voix.

Vous-même vous insériez votre propre voix « off » dans la bande-son.

Bruno Nuytten, qui a photographié une grande partie de mes films soutenait qu'elle était très belle, à cause de sa tonalité en sol.

Dans les courts-métrages que vous avez tournés en 1978-1979, Césarée, Les Mains négatives, Aurélia Steiner (Melbourne) *et* Aurélia Steiner (Vancouver), *un texte lu par vous commente des images prises à l'extérieur, qui souvent ne correspondent pas du tout à ce qui est dit.*

Il y a souvent, dans vos films, un décalage – pour ne pas dire une dissociation – entre l'image et le texte. Un

constant glissement de plans, de décors, de perspectives.
Au lieu d'illustrer des dialogues ou des monologues, le
contenu visuel du film évoquerait d'autres significations.
La parole même a perdu toute fonction d'explication ou
de commentaire.

C'est comme si les voix ne connaissaient pas le
contenu des images. Le récit ne sera donc jamais
immédiat, direct. Il reviendra au spectateur de le
reconstituer.

Le scénario, enrichi par ces sauts syntaxiques –
du présent au conditionnel, au passé simple – que
la narration classique supporte mal, souligne précisément cette distanciation.

Le Camion *est peut-être le meilleur exemple de ce*
que vous affirmez. L'événement cinématographique – le
scénario que Depardieu et vous vous contentez de lire – sub-
siste et se caractérise seulement en tant qu'appui qui
« montre » la parole, libre de toute concession romanesque.

Initialement, le film devait être interprété par des
acteurs qui jouaient un rôle. J'ai pensé, je me souviens, à Simone Signoret. L'idée me convainquait
peu. Et une nuit, j'ai décidé de raconter le film plutôt
que de le tourner, en le lisant tel qu'il aurait été *si*
je l'avais tourné.

Dans des films comme L'Homme atlantique *et donc*
Le Camion, *vous avez utilisé l'écran noir, interruption*

et en même temps dissolution du sens de tout ce qui a été raconté jusque-là.

Je ne voulais pas de pléonasmes entre le texte et l'image, mais seulement des morceaux *noirs*, exactement comme ces espaces *blancs* que je mettais dans ma narration écrite.

Quels conseils donneriez-vous à un cinéaste débutant?

Qu'il trouve sa voie sans suivre aucun modèle, aucune référence qui ne serviraient qu'à masquer sa propre peur. En Italie – à Rome, à Taormina –, j'ai fait partie du jury de nombreux prix : il est important que les gens du cinéma se fassent voir, il s'agit de toute façon de confrontations, de stimulations régénératrices. Beaucoup de premiers films m'ont ennuyée, je l'avoue. Une individualité ne se dessine que vers vingt-sept ou vingt-huit ans. Un cinéaste ne le devient qu'avec son deuxième film. Un premier, n'importe qui en est capable.

Que pensez-vous du cinéma français contemporain?

On ne peut pas parler de «nouveau cinéma français», comme on l'a fait pour le cinéma allemand. Il y a une sorte de néoromantisme régnant, une détérioration des innovations... Les réalisateurs de la dernière génération ont perdu le goût de la lecture, je le soupçonne. Ils ne lisent que des scénarios et, en tout cas, toujours de façon réductrice, superficielle, en fonction du film qu'ils veulent en tirer. Et puis il y a les auteurs style Jean-Pierre Melville : un genre plutôt à la mode maintenant, très français, dit-on à l'étranger. Il s'agit d'un cinéma du *look*, entièrement calculé, tout dans les apparences.

Le cinéma français, pour moi, cela reste encore les merveilleux éclats de rire et les mimiques de Jacques Tati, et puis Robert Bresson, Jean-Luc Godard. Godard est un des plus grands. Nous sommes amis, même si nous nous disputons souvent. Nous nous estimons, mais nous sommes – je crois – très différents. C'est pour ça que j'ai refusé de participer à son *Sauve qui peut (la vie)* et que je ne lui ai pas permis de tourner *La Douleur* comme il l'aurait voulu. J'aurais préféré que ce soit John Huston. Avec Bresson, à vrai dire plus qu'avec n'importe qui d'autre, j'éprouve la même émotion, la même intensité de douleur, comme si c'était – chaque fois que je vois un film de lui – le premier que je voyais. Quant à Jean Renoir qui pourtant traite des sujets qui me sont chers – l'amour, l'Inde –, je le trouve trop sentimental.

Et le cinéma italien ?

En France, il y a encore le mythe d'un certain néoréalisme à la Rossellini. Il s'agit d'un grand cinéaste, d'accord. Mais, tout cet enthousiasme, je ne l'ai jamais partagé.

117

Je le préfère dans des films que personne ne cite, comme *La Prise de pouvoir par Louis XIV*. Vous l'avez vu ?

On pourrait supposer qu'il y a un lien entre le cinéma d'Antonioni et le vôtre.
Si l'on se réfère aux premiers cadrages de *L'Avventura*, alors, oui, je suis d'accord.

Vous connaissez l'œuvre de Pasolini ?
J'ai toujours été agacée par cette aura de mysticisme et toute la rhétorique qui entoure son personnage. Quant à *Salò*, je l'ai trouvé franchement révoltant. Voilà pourquoi je n'ai jamais éprouvé le désir de lire ses livres [47].

Parlez-moi encore de vos cinéastes préférés.
Quand je m'entretenais avec l'équipe des *Cahiers du cinéma*, je comparais l'amour que j'ai pour le sublime tragique de Dreyer avec l'intolérance que j'éprouve pour l'esthétisme cérébral à la Bergman. Toute une singerie destinée aux Américains qui désirent satisfaire leur insatiable faim de « culture ».

Mes préférés sont et seront toujours Yasujirô Ozu, John Ford, Jean Renoir, Fritz Lang. Et Chaplin : son génie tient à sa capacité de dire tant de choses sans parler. Les mouvements de ses yeux, ses mimiques, ses gestes, ses silences. Quelle différence avec l'obsession de la parole, tellement new-yorkaise, à la Woody Allen! Le parlant n'atteindra jamais l'intensité du muet.

J'ai lu récemment une longue interview que vous avez faite d'Elia Kazan [48].

En lui parlant, je me suis aperçue combien nous nous ressemblions [49]. Le même goût, un peu primitif, pour l'essentiel, la rigueur et la propreté de l'image.

Avec moi, Kazan est peut-être le seul cinéaste – le fait qu'il soit un homme d'ailleurs rend la chose encore plus extraordinaire – à avoir tenté de représenter le désir. Indicible et inaccessible, par nature.

Vous avez consacré au cinéma tout un numéro des Cahiers du cinéma, « Les yeux verts » [50].

Ça a commencé par une série d'entretiens qu'ils ont faits avec moi, puis ils ont voulu des interventions directes, enfin on a décidé que ce serait moi qui coordonnerais tout le numéro qui m'était entièrement consacré.

C'était plus rapide, finalement, non?

C'est Godard qui m'a soufflé l'idée. Les rédacteurs de la revue, dans un premier temps, en ont imprimé peu d'exemplaires, ils pensaient qu'ils n'en vendraient pas. Maintenant ils ont sorti une version en poche [51]. Ils m'ont dit que ça marchait très bien…

L'argent qui aurait dû me revenir, ils m'ont dit – mais je suis sûre que c'est la vérité –, suffisait à peine à recouvrir les dettes de la revue.

Vous pensez que votre travail puisse être compté parmi les œuvres du cinéma féminin?

Si j'avais fait des films « féminins », j'aurais trahi les deux instances: le féminin et le cinéma. La femme doit de toute façon renoncer – sauf pour ce qui est de l'ironie particulière, du regard particulier qu'elle porte elle seule sur les choses – à la part féminine en elle.

Être auteur, et puis c'est tout. En dépassant l'aliénation de son rôle qui depuis toujours la renforce, mais aussi la trahit.

Vous croyez au cinéma politique?

S'il est mal utilisé, comme le cinéma de propagande, il peut devenir un instrument dangereux. Véhiculer et diffuser des messages avec le cinéma sont plus faciles qu'avec des livres: l'image simplifie ce que la lecture rend ennemi. Mes films ont tous une nature politique, mais ils ne parlent pas de politique, ils n'avancent pas de thèses. Le sens politique, tout au plus, doit être atteint par d'autres chemins. Pas celui de la rhétorique ni de la mythification du prolétariat.

En 1957, Un barrage contre le Pacifique *de René Clément, en 1960* Moderato cantabile *de Peter Brook, en 1966* Dix heures et demie du soir en été *de Jules Dassin et, en 1967,* Le Marin de Gibraltar *de Tony Richardson. Enfin, en 1985, le film de Peter Handke, tiré de* La Maladie de la mort. *Et puis celui d'Henri Colpi,* Une aussi longue absence, *auquel vous avez collaboré. Et sans oublier* Hiroshima mon amour *de Resnais. Que pensez-vous des films tirés de vos romans ou de vos scénarios?*

J'ai commencé à faire des films parce que – à part Resnais – ceux qu'on tirait de mes livres ne me plaisaient pas. Je veux voir, je me suis dit, ce que je suis capable de faire: pire que ça, ç'aurait été impossible.

Les cinéastes auraient donc dénaturé ou trahi les attentes du texte?

En le banalisant, avant tout. En s'appropriant des histoires et en les réinventant sous forme romanesque, sans comprendre qu'il s'agissait de points de départ, d'évocations fondées plus sur la réduction ou la suspension que sur la saturation de la narration. Ils ont voulu remplir les vides de l'écrit. Mais la parole, de cette façon, perdait toute son intensité: l'image était là précisément pour se substituer à elle, pour illustrer l'histoire en suppléant à cet appauvrissement.

Il y a presque cinquante ans que le cinéma a peur de la parole.

Le film qui, paradoxalement, vous a fait connaître du grand public a été tourné sur un scénario dont vous êtes l'auteur, mais par un autre que vous.

Vous parlez d'*Hiroshima* ? C'est Alain Resnais, un jour, qui m'a téléphoné. Je ne savais même pas qu'il pensait en faire un film.

Je lui ai fourni, en tout cas, toutes les indications et les idées, il m'a suivie, secondée. Godard a été un des premiers à s'apercevoir que le film, ça se voit tout de suite, est avant tout mon film [52].

Avez-vous beaucoup travaillé ensemble, Resnais et vous ?

J'écrivais le scénario, il le remaniait en fonction des idées qui lui venaient sur le moment. Il était allé au Japon, pour y trouver des idées sur lesquelles nous avons ensuite travaillé [53].

Le film a été tourné en 1959. C'était la première fois où vous vous êtes occupée de cinéma d'aussi près ?

Oui. Je ne savais rien, rien des clauses des contrats, des pourcentages pour les droits d'auteur qui auraient dû me revenir. Dans la chaîne de production d'un film, en réalité l'auteur – même s'il est cité et encensé par la critique – ne compte pour rien. Ou il n'est traité que comme le simple narrateur d'une histoire que le film met en scène. J'ai beaucoup travaillé et j'ai été très peu payée : un chèque d'un million et demi d'anciens francs[54]. J'ai pensé qu'ils me donneraient un supplément plus tard. Mais non, je me suis rendu compte que c'était tout. J'ai su par Resnais, au bout de quelques années, qu'on m'avait donné moins de la moitié de ce qu'on me devait. J'étais fauchée, sans expérience : bien sûr, personne ne m'a aidée.

Votre autre film très connu est India Song. *Vous-même vous en avez parlé comme d'une mise à sac de toute reconstitution.*

Oui, ce n'est qu'à travers la destruction de l'histoire racontée – celle d'Anne-Marie Stretter et du vice-consul – qu'on pouvait en créer une autre, une histoire à l'envers, plus forte encore. Tout le film fonctionne sur ce dédoublement distancié.

Et qu'est-ce qui vous a amenée, après India Song, *à tourner un autre film,* Son nom de Venise dans Calcutta désert, *qui non seulement utilise la même bande sonore, mais évoque les mêmes milieux, les mêmes atmosphères ?*

Une certaine insatisfaction me hantait depuis quelques mois : la sensation de n'avoir pas clos le discours avec *India Song*, l'envie de dire autre chose. Tous les deux sont en tout cas la mise en scène parfaite de ce que j'avais imaginé en l'écrivant : la décadence de l'ambassade de France en Inde est déjà, en soi, la fin du colonialisme, le désespoir des Blancs, l'exténuation d'un amour, le crépuscule, la mort que, enfant, je sentais, en passant dans ces rues.

Votre dernier film, Les Enfants, *avec Pierre Arditi, André Dussollier et Axel Bogousslavsky, est de 1984. Depuis, vous dites que vous ne voulez plus faire de cinéma.*

C'est vrai, oui. J'en ai fini avec le cinéma. Après tout, durant toutes ces années, c'était dur d'en faire.

Le film parle d'un enfant-adulte, Ernesto, qui du jour au lendemain refuse d'aller en classe parce qu'il ne veut pas, dit-il, apprendre ce qu'il ne sait pas. Il s'oppose de toutes ses forces à la logique de l'instruction obligatoire.

La folie d'Ernesto, dans un monde entièrement assujetti à la logique du consensus, réside dans cette liberté débordante, excessive, révolutionnaire, dont il voudrait disposer. Dans son refus de toute valeur préétablie, dans sa volonté de détruire et de saboter le savoir – dans son cas, le savoir scolaire –, pour retrouver en lui l'innocence universelle. Ce n'est pas un hasard si le film est construit sur une sorte de comique désespéré.

En le tournant, vous pensiez à votre fils, Jean?

À Outa[55], et à moi-même. Ernesto, comme moi, a appris à dire non.

Quel a été votre rapport avec les acteurs ? À en juger par celui que vous avez fait avec Gérard Depardieu, Le Camion, *et par celui où vous avez dirigé Lucia Bosè et Jeanne Moreau,* Nathalie Granger, *très intense, dirait-on.*

Passionnel, même. Fait d'ententes et d'affrontements : on parlait de tout et souvent, sous la critique des acteurs, j'étais contrainte de modifier le texte en fonction de leurs suggestions, en adaptant à mesure les personnages à ceux qui les interprétaient.

Il m'importait que leurs attitudes n'aient rien de général, qu'elles viennent d'eux-mêmes, des émotions et des peurs dont ils étaient animés. Ils disaient que j'étais dure, que je me mettais en colère.

Je m'énervais même contre Yann, quand il travaillait sur *Agatha* avec Bulle Ogier. Je voulais qu'il entre dans le film, pas qu'il le joue. Avec Depardieu, je me suis entendue tout de suite. Avant de commencer, je lui ai simplement dit : « Laisse-toi aller au son des paroles que tu prononces, sans te préoccuper du sens des phrases. La musique des mots, le ton que tu emploieras suffiront à rompre le statisme du film. » *Le Camion* est un film difficile, et pourtant il n'y a jamais eu un instant d'ennui, de souffrance. Depardieu et l'équipe étaient enthousiastes.

Vous-même, vous avez admis que vous aviez des rapports privilégiés avec les actrices, de Jeanne Moreau à

Lucia Bosè, en passant par Delphine Seyrig, Bulle Ogier, Madeleine Renaud, Dominique Sanda, Isabelle Adjani, Catherine Sellers [56]. *Beaucoup d'entre elles sont devenues des amies, du reste.*

Madeleine Renaud est toujours une de mes plus chères amies. Nous nous ressemblons même par notre manière un peu expéditive et négligée de nous habiller. J'aime l'écouter, plus que de parler de théâtre avec elle. J'aime sa candeur, son innocence «naïve» – Beckett, un jour, a dit que c'était son génie –, le fait de savoir que même maintenant l'entrée en scène est pour Madeleine une expérience terrible.

C'est pour elle que vous avez écrit Savannah Bay.

Je ne pouvais pas oublier la façon dont, dans *Des journées entières dans les arbres*, elle avait interprété le rôle de ma mère. Elle a voulu que je lui parle d'elle. Je lui ai montré des photos. C'était bouleversant. Madeleine a perdu son petit air parisien et elle est devenue une institutrice d'indigènes en Indochine.

Tout à coup je l'ai vue, ma mère, exsangue, vieille, là, sur la grande scène de l'Odéon [57].

*Il y a, dans votre chambre à coucher, une grande photo de Delphine Seyrig que, et ce n'est pas un hasard, vous avez choisie pour interprète d'*India Song.

C'est Resnais qui l'a découverte. Il l'a voulue pour *L'Année dernière à Marienbad*. C'était en 1961.

Delphine jouait alors depuis huit ans au théâtre, elle était sauvage, réservée, elle ne donnait pas d'interviews, elle ne fréquentait pas les salons, et pourtant c'était une des plus grandes actrices françaises. Sans l'avoir vue, je crois que j'aurais choisi Delphine rien qu'en l'entendant au téléphone, pour l'inflexion extraordinaire de sa voix[58].

En revanche, pour Nathalie Granger, *les actrices sont Jeanne Moreau et Lucia Bosè. Vous avez écrit le scénario en pensant à elles?*

J'aimais l'idée de travailler avec deux grandes stars, en inversant le cliché, en montrant leur corps parderrière, ou leurs mains, sans m'attarder sur leurs jambes, leur visage, leurs seins.

Je voulais faire un film qui respecte le rythme de la femme, sans faire appel à l'habituelle féminité, tellement galvaudée. J'ai de beaux souvenirs de cette entente entre femmes, elles deux et moi.

Quant à Jeanne[59], depuis l'époque de *Moderato cantabile*, je me suis aperçue de l'extraordinaire intelligence de son regard, par le sérieux avec lequel elle intériorisait ses rôles. Pendant qu'elle tournait avec Brook, elle venait constamment chez moi me demander des renseignements sur la vie d'Anne Desbaresdes que moi-même j'étais obligée d'inventer sur le moment pour la contenter.

Jeanne me ressemble beaucoup : nous avons été, toutes les deux, traversées par la force d'un amour durant notre vie entière. Pas nécessairement d'un amour qui existait déjà, mais par quelque chose qui n'était pas encore là, qui allait arriver ou se terminer.

Le théâtre

Vous avez écrit pas mal de pièces et d'adaptations théâtrales. Que se passe-t-il pendant le passage de vos œuvres à la scène?

Alors qu'un livre existe en tant que tel, c'est la scène, dans ce cas, qui «réalise» un texte qui, de lui-même, n'existerait absolument pas. Ce sont les voix des acteurs qui le font revivre, en passant par-dessus la voix de l'auteur même. Je suis muette au fond – un point de fuite, caché en coulisses – face à mon théâtre. Ceux qui jouent, peut-on dire, parlent à ma place.

Quelle est la différence entre une mise en scène au théâtre et un plateau de cinéma?

Le théâtre ne sera jamais un produit industriel, c'est quelque chose de vivant, un risque qui se renouvelle tous les soirs. Le cinéma n'a rien à voir avec ces peurs, un film est vivisectionné et corrigé avant d'être offert au spectateur.

Rien de hasardeux ni de fortuit.

Mais il y a les limites de la scène, que tout le monde connaît: le déploiement total de l'imaginaire, seul le film le permet.

C'est justement là, la richesse du théâtre: le regard limité.

Et le texte, quels changements subit-il quand il est mis en scène? On dirait, dans votre travail, qu'on ne trouve pas ces glissements inévitables qui se produisent en général dans le passage du livre au film, ou à la scène. La critique a souvent présenté votre œuvre comme ne présentant aucune frontière interne, aucune solution de continuité, quelle que soit la forme d'art que vous adoptez.

Pour passer au théâtre, un texte littéraire doit être construit très strictement, chose qui se produit très rarement. Il doit être avant tout redimensionné: on pourrait s'en tenir aux dialogues, mais ils ne suffisent pas. De là une certaine difficulté à rendre quelques évocations ineffables qui relèvent de la magie de l'écrit et que le cinéma, dans une moindre mesure, est capable de rendre, grâce à des effets techniques.

Prenez un texte comme *La Maladie de la mort*, entièrement construit sur les espaces blancs, les pauses, les vides, le bruit de la mer, la lumière, le vent: la scène est trop petite...

Quel est l'auteur théâtral dont vous vous sentez le plus proche?

Strindberg analyse jusqu'à l'atrocité le marasme intérieur de l'homme. Pinter en fait affleurer la pathologie. Mais l'espace théâtral ne transmet jamais ce qui se produit vraiment entre les êtres, sauf peut-être dans les pièces de Tchekhov.

Un théâtre de texte et de voix, entre-tissé de détails apparemment banals et pourtant significatifs. C'est sous la structure « simple » des dialogues et de ce que la parole cache ou masque, sous les balbutiements allusifs de la conversation, que se niche la grandeur de Tchekhov : des textes jamais saturés, tout comme les miens, où l'action est suspendue, laissée dans son inachèvement. Une sorte de musique du silence. Entièrement encore à imaginer.

Je pense à des textes comme Le Square, La Musica, L'Amante anglaise, Suzanna Andler, Savannah Bay, Des journées entières dans les arbres. *De quel genre relève votre théâtre ?*

Il n'y a pas de théâtre sans tragédie. Et la tragédie, c'est l'amour, l'hystérie, même la simple séparation d'un couple provincial. Ce que j'aimerais, ce serait précisément de transposer dans la parole théâtrale le pouvoir sacré de la liturgie.

Vous-même vous avez défini votre théâtre comme un « théâtre de paroles et de voix ».

Le tout est de ne pas l'appeler un « théâtre d'idées ».

131

Quel sens cela a pour vous d'avoir travaillé pour le théâtre?

D'avoir appris à le traiter comme quelque chose d'étranger, de fait et fabriqué en dehors de soi, sans cette implication et cette intimité qui s'établit, d'habitude, avec un livre. C'était sur les dialogues que je m'acharnais. Je les réécrivais tous les jours, trois heures tous les matins, ensuite, chaque fois, j'arrivais au théâtre l'après-midi, avec de nouvelles propositions. *La Musica* par exemple est un de ces textes qui ont subi le plus de modifications. Jusqu'au jour où, épuisés, Miou-Miou et Samy Frey m'ont demandé d'arrêter...

Au théâtre, en quoi votre rapport avec les comédiens diffère-t-il de votre rapport avec les acteurs au cinéma?

Leur apport personnel au texte m'était indispensable plus que partout ailleurs. C'est-à-dire qu'il me servait à modifier, quitte à tout refaire, avant qu'il ne soit joué en public.

Les idées, je me souviens, naissaient comme ça, rien qu'à voir un corps bouger d'une certaine façon.

Quel doit être selon vous le rapport entre le texte et la voix qui l'interprète?

L'acteur ne doit pas s'identifier de manière naturaliste, mais se maintenir à une certaine distance, en jouant sur la distanciation entre personne et personnage.

D'où vous est-elle venue, cette passion pour le théâtre?

Pas de spectacles auxquels j'aurais assisté, ça, c'est sûr. Dans les années trente, dans un village de Cochinchine, il n'y avait pas plus de théâtre que de cinéma. Une des rares publications qu'on pouvait trouver chez nous, c'était *La Petite Illustration* [60].

Dans les années cinquante, avec Les Viaducs de la Seine-et-Oise, *vous avez commencé à écrire des pièces. Que pensiez-vous du théâtre français d'alors, dans l'immédiat après-guerre?*

Certains théoriciens comme Antonin Artaud qui, pourtant, ont révolutionné le théâtre ne m'intéressaient plus tant que ça. Quant à Sartre ou Camus, je trouvais qu'ils faisaient du théâtre à thèse, tout aussi vieilli que les idéologies dont ils étaient farcis. Un théâtre faux et didactique, auquel manquait le vrai apport de la tragédie. Le spectateur était relégué à un rôle de réception passive – de subissement, je dirais – par rapport à tout ce qui lui était exposé démonstrativement.

À chaque première d'une nouvelle pièce de Camus, Dionys Mascolo [61] m'obligeait à l'accompagner.

Que pensez-vous de la critique théâtrale?

Qu'elle n'a de sens que pour un débutant, certainement pas pour quelqu'un comme moi. Je n'ai rien à faire de l'arrière-garde théâtrale fondée, comme il y a quarante ans, sur des critères de vraisemblance psychologique ou des histoires de ce genre.

Ça me dérange même que les critiques viennent voir mes spectacles, en prenant le jeu de massacre des souvenirs et de la passion pour un sentimentalisme mièvre.

La passion

Tous vos livres, d'une manière ou d'une autre, sont des histoires d'amour. La passion comme ultime et nécessaire recours afin de transcender cette impuissance et cet immobilisme qui paralysent vos personnages. Comme axe de tout l'univers Duras.

L'amour reste la seule chose qui compte vraiment. Il est stupide de le penser circonscrit à des histoires entre un homme et une femme.

Yourcenar reprochait à la littérature française le caractère dominant et obsessionnel du thème amoureux [62].

Je ne suis pas d'accord. Même si c'est le sujet principal de tous les arts, rien n'a jamais été aussi difficile à dire, à décrire que la passion : la chose la plus banale et, en même temps, la plus ambiguë.

Il y a une phrase, dans Hiroshima mon amour, *qui peut-être résume ce que vous pensez être la nature profonde, contradictoire de tout amour:* «*Tu me tues, tu me fais du bien* [63]. »

C'est quand, pauvre et extravagante, j'ai rencontré l'amant chinois que j'ai découvert l'ambivalence qui se niche en toute passion. L'amour comme désir de posséder l'autre au point de vouloir le dévorer [64].

À propos de L'Amant, *vous avez parlé de l'histoire avec le riche Chinois comme l'une des plus importantes de toute votre vie.*

Cette histoire a laissé derrière elle toutes les autres, tous les amours déclarés, codifiés. Dans la tentative de la nommer, en la tirant de son obscurité originelle et sacrée, le langage tue toute passion, la circonscrit, la diminue. Mais quand l'amour n'est pas *dit*, il a la force du corps, la force aveugle et intacte de la jouissance: reste la miraculeuse apparition des amants nimbés d'ombre. Dans *L'Amant*, je n'ai pu raconter cette histoire que de loin, en parlant de la ville chinoise, des fleuves, du ciel, du malheur des Blancs qui y vivaient. Sur l'amour, j'ai fait silence.

Un amour total qui fascine et effraie en même temps, brûle. Dans Le Square, *la jeune fille dit* [65]: «*Il y a des choses comme ça qu'on ne peut pas éviter, que personne ne peut éviter* », *à quoi le Monsieur répond:* «*Il n'y en a aucune qui soit autant désirable de vivre que celle-là qui fait tant souffrir.» Quelque chose comme l'amour fou des surréalistes, une passion qui conduit les amants à dépasser le prosaïsme du quotidien. En tant que recherche de l'absolu, cela seul peut combattre la mort, le mal, l'ennui de vivre. «Aucun amour au monde ne peut tenir lieu de l'amour, il n'y a rien à faire»*, dit Sara, *l'héroïne des* Petits Chevaux de Tarquinia [66].

Et qui, encore, ne peut s'apaiser, se résoudre que dans l'absence ou la mort. «Je voudrais que vous soyez morte», dit Chauvin à Anne Desbaresdes dans Moderato cantabile [67]. *Amour total justement parce que, ontologiquement, impossible. Dans vos textes brefs,* L'Homme assis dans le couloir, L'Homme atlantique, La Pute de la côte normande *et dans* Les Yeux bleus, cheveux noirs, *cet aspect se dilate au point de devenir la métaphore même de la passion.*

L'amour n'existe que quelques instants. Puis il se disperse: dans l'impossibilité même, réelle, de changer le cours d'une vie.

Le thème de l'amour renvoie à un autre, celui de l'incommunicabilité entre les sexes. Vos personnages s'aiment et luttent, constamment, pour échouer définitivement.

Ce n'est pas le sexe – ce que les gens sont dans une espèce de décoloration sensuelle – qui m'intéresse. C'est ce qui se trouve à l'origine de l'érotisme, le désir. Ce qu'on ne peut, peut-être qu'on ne doit pas,

137

apaiser avec le sexe. Le désir est une activité latente et en cela il ressemble à l'écriture : on désire comme on écrit, toujours [68].

D'ailleurs, quand je suis en passe d'écrire, je me sens plus envahie par l'écriture que quand je le fais vraiment. Entre désir et jouissance, il y a la même différence qu'entre le chaos primitif de l'écrit – total, illisible – et le résultat final de ce qui, sur la page, s'allège, s'éclaire.

Le chaos est dans le désir. La jouissance n'est que cette infime part de ce que nous sommes parvenus à atteindre. Le reste, l'énormité de ce que nous désirons, reste là, perdu à jamais.

Vous ne croyez pas que cette image du désir appartienne à des univers typiquement féminins ?

Peut-être. La sexualité masculine tourne autour de modèles de comportement bien précis, l'excitation, l'orgasme. Puis on recommence. Rien qui reste en suspens, non dit. Évidemment toutes les femmes, retenues comme elles le sont par des principes ancestraux d'une fidélité stérilisante, ne sont pas capables de vivre la totalité du désir sans être culpabilisées.

Vous avez souvent soutenu que vous aviez eu, déjà à quinze ans, les traces du désir sur votre visage [69].

Toute petite, dès mes premières aventures, avec des inconnus, entre les cabines d'une plage [70] et dans les trains, je sais ce que signifie le désir. Avec l'amant chinois, j'en ai expérimenté toute la force et, dès lors, mes rencontres sexuelles ont toujours été nombreuses, violentes même.

Comment avez-vous réussi à conjuguer vos innombrables passions avec ce qu'on peut appeler une vraie obsession de votre travail?

Toutes les fois où, dans ma vie, je cessais de vivre avec un homme, je me retrouvais. Les livres les plus beaux, je les ai écrits seule, ou avec des amants de passage. Des livres de solitude, j'appellerais ça.

Que pensez-vous des hommes?

Qu'ils vivent dans une espèce d'opacité de la vie, au point de ne pas s'apercevoir de la plupart des choses qui les entourent. Pris par eux-mêmes. Par ce qu'ils font, parfois au point de ne jamais savoir ce qui se produit, sans bruit, dans la tête d'une femme. Il existe encore, je crois, une catégorie phallique qui se prend tellement au sérieux...

Comment décririez-vous votre vie avec les hommes?

Je les ai suivis toujours, en voyage, partout. Partageant le bonheur que leur concédaient les loisirs qu'ils m'imposaient, et que je ne supportais pas. Ils auraient été fous de colère sans ça. Les hommes que j'ai eus avaient du mal à endurer mes commentaires incessants, mes plaintes quand on m'éreintait, sur mes difficultés à écrire. Ils voulaient que je m'occupe du ménage, de la cuisine et, si vraiment je devais écrire des livres, que je le fasse par intermittence, comme une activité clandestine.

Finalement j'étais toujours ailleurs : les écrivains ne sont jamais là où les autres le voudraient.

J'ai connu des hommes de tous les genres. Tous auraient voulu naturellement que j'écrive un best-seller. Mais pas avant l'an 2000.

Que reprochez-vous aux hommes ?

Qu'il faille beaucoup les aimer pour supporter leur besoin d'intervenir, de parler, d'interpréter tout ce qui arrive autour d'eux.

Vous avez souvent déclaré que « les hommes sont tous homosexuels [71] ».

Impuissants à vivre jusqu'au bout la puissance de la passion, j'ajouterais. Prêts à comprendre seulement ceux qui leur ressemblent. Le vrai compagnon de vie d'un homme – le confident réel – ne peut être qu'un autre homme. Dans l'univers masculin, la femme est ailleurs, dans un monde que, de temps en temps, l'homme choisit de rejoindre.

Que pensez-vous de l'homosexualité ?

Il manque à l'amour entre semblables cette dimension mythique et universelle qui n'appartient qu'aux

140

sexes opposés : plus encore que son amant, l'homosexuel aime l'homosexualité[72]. C'est pourquoi la littérature – il suffit de penser à Proust – a dû convertir la passion homosexuelle en passion hétérosexuelle. Alfred en Albertine pour être clair.

Je l'ai déjà dit, c'est la raison pour laquelle je ne peux considérer Roland Barthes comme un grand écrivain : quelque chose l'a toujours limité, comme si lui avait manqué l'expérience la plus antique de la vie, la connaissance sexuelle d'une femme[73].

Connaissez-vous l'homosexualité féminine ?

Bien sûr. Le plaisir donné par une autre femme est quelque chose de très intime, qui portera toujours en lui la marque du manque de vertige. Le vrai foudroiement, celui qui peut nous faire succomber, c'est la rencontre avec un homme.

Dans des textes comme La Maladie de la mort *et, encore plus, dans* Les Yeux bleus, cheveux noirs, *vous abordez dramatiquement et, en même temps, avec une grande lucidité, le thème de l'homosexualité masculine. Les deux livres racontent l'histoire d'un amour qui ne pourra jamais avoir lieu entre une femme et un homme mis dans l'impossibilité de jouir de son corps.*

C'est une question que je connais bien, celle-là. L'homosexualité est, comme la mort, l'unique domaine exclusif de Dieu, celui sur lequel ni l'homme, ni la psychanalyse, ni la raison ne peuvent intervenir. L'impossibilité de la procréation même, du reste, rapproche beaucoup l'homosexualité de la mort.

Vous avez même déclaré que vous aviez aimé et connu beaucoup d'homosexuels.

Ils sont comme les autres, pensais-je avant de les connaître. Et en réalité, non. L'homosexuel est seul, condamné à ne pas être rejoint, sinon par intermittence, par celui qui est comme lui. La femme qui vit près de lui sera seule à ses côtés. Et pourtant, c'est justement là, où cela semblerait impossible, dans sa radicale et physiologique impossibilité, que l'amour peut être vécu. Comme cela nous est arrivé.

Il y a neuf ans que vous vivez avec Yann Andréa.

C'est lui qui m'a recherchée. Pendant deux ans, il m'a écrit de très belles lettres. La chose ne m'a pas étonnée. Après avoir lu mes livres, beaucoup le faisaient.

J'allais mal le jour où, qui sait pourquoi, j'ai décidé de lui répondre. Puis il a téléphoné et sans avoir jamais vu cet étudiant de Caen, je lui ai dit de venir. On s'est mis rapidement à boire ensemble et c'est comme ça qu'a commencé notre folie à deux. Encore une fois, avec Yann, j'ai découvert que la pire chose qui puisse arriver dans la vie est de ne pas aimer.

J'ai été débordée par sa présence. Ses amis lui

reprochaient de rester avec une femme beaucoup plus âgée que lui, mais Yann n'y prêtait pas attention.

Je me demande encore comment c'est possible. La passion a été tragique, comme toutes les passions. Et elle est née de cette non-coïncidence, de cette irréalisation de notre désir.

Yann Andréa est l'auteur d'un livre M. D. [74] – dont l'écriture syncopée rappelle beaucoup votre récente production littéraire – dans lequel il raconte les atrocités de votre cure de désintoxication et de votre hospitalisation que vous avez décidé d'affronter il y a quelques années.

Je me reconnais beaucoup dans ce livre. Des essais sur mon cinéma ou sur mes livres sortent. Mais jamais sur moi, telle que je suis.

En quoi en particulier vous vous retrouvez?

Dans ce sentiment d'exténuation, d'insatisfaction, de vide. Cette autodestruction par la seule pensée de ne plus être capable de vivre sans boire.

Quand avez-vous arrêté pour la première fois?

Je connaissais désormais l'alcool comme on connaît une personne humaine. J'avais commencé comme ça, dans des réunions politiques ou dans des soirées. Puis, à quarante ans, je m'y suis mise vraiment. J'ai arrêté d'abord en 1964, puis j'ai repris, au bout de dix ans. J'ai repris et j'ai arrêté trois fois jusqu'à maintenant.

Jusqu'à ce que j'entre à l'Hôpital américain de Neuilly où, au bout de trois semaines d'hallucinations, de délires, de hurlements, on est parvenu à me tirer d'affaire.

Depuis, sept ans ont passé et pourtant je sais que je pourrais recommencer, dès demain.

Pourquoi commence-t-on d'après vous?

L'alcool transfigure les fantômes de la solitude, il remplace «l'autre» qui n'est pas là, il comble les trous qui se sont creusés en nous, un jour, il y a longtemps.

Une femme

Vous avez une fois[75] *défini votre vie comme « un film doublé, mal monté, mal interprété, mal ajusté, une erreur en somme. Un polar sans tueries, sans flics ni victimes, sans sujet, de rien ».*

Toutes les fois que je me sens poreuse, spongieuse, imprégnée de tout ce qui me traverse, indifféremment.

Il y a une femme, l'héroïne du Camion, *dans laquelle peut-être vous vous retrouvez, qui affirme qu'elle a « la tête pleine de vent*[76] *».*

Comme l'écrivain, cette femme est une mise à disposition, de l'extérieur. Prête à recevoir – comme quand, seule, je marchais sur la plage ou dans la campagne – les sensations fortes comme des rafales.

Comment vous définiriez-vous ?

Joyeuse. J'aime rire, je ris parce que parfois je me trouve drôle, ou de choses très stupides, que les autres ne remarquent même pas. Bien sûr, ensuite je retombe d'un coup dans cette angoisse de quand j'avais huit ans – peur face aux choses, aux êtres, à l'énormité de la forêt. On part sans confiance, quand on est jeunes, pas sûrs de soi, de son existence. Ce n'est que plus tard qu'on apprend à se faire confiance à soi-même comme s'il s'agissait d'un autre.

Souvent, dans la vie, j'ai eu la sensation de ne pas exister – sans modèle aucun, sans référence aucune –, toujours en quête d'un lieu, sans jamais me retrouver là où j'aurais voulu être, toujours en retard, toujours dans l'impossibilité de jouir de choses dont jouissaient les autres. Maintenant l'idée de cette multiplicité me plaît : on se force toujours à atteindre une unicité qui nous appartient, alors que notre richesse, elle se situe dans ce débordement même.

Si aujourd'hui, à soixante-quinze ans, vous deviez faire le bilan de votre vie...

Sans l'enfance, l'adolescence, l'histoire désespérée de ma famille, la guerre, l'Occupation et les camps de concentration, ma vie, je crois, ne serait pas grand-chose. En travaillant au secrétariat de François Mitterrand, alors ministre des Anciens Combattants[77], j'en suis venue à connaître les crimes atroces de Hitler, Auschwitz et l'extermination de sept millions de

146

Juifs. J'avais trente ans, et ce n'est qu'alors qu'il me semble que je me suis réveillée d'un long sommeil.

Vous vous considérez comme seule?

Comme tout le monde, de cette solitude définitive que par peur nous essayons jusqu'au bout de masquer. Mais une journée sans être seule, dans ces conditions, me paraît irrespirable.

On dit que vous aimez encore être au milieu de femmes, de jeunes.

La compagnie féminine m'a toujours plu, je l'ai toujours trouvée stimulante. Je me rappelle des après-midi entiers à bavarder avec mes amies, on riait beaucoup, on buvait ensemble.

Avec les jeunes c'est différent: ils me plaisent, quoique j'aie l'impression de n'avoir pas grand-chose à leur apprendre. Pas même une théorie du roman... Je les préfère à quelques vieux amis que, maintenant que je n'ai plus le même «look» qu'autrefois, j'ai cessé de voir. J'en avais assez de m'entendre dire: «Marguerite, tais-toi, s'il te plaît...»

En me parlant de votre mère, vous disiez que vous n'aviez pas oublié ses extraordinaires récits, aux dépens même de beaucoup de lectures, de beaucoup d'analyses ou de raisonnements.

C'est ça, oui, exactement. J'ai souvent l'impression

d'oublier les choses les plus urgentes – celles que je sais devoir garder présentes à l'esprit pour une raison ou pour une autre – et de me rappeler les inepties, les détails. Une voix, un tissu de robe... J'ai oublié les articles que j'ai écrits, les choses que j'ai dites, la vie quotidienne que j'ai menée pendant des années. Comme si c'était une masse d'événements qui ont traversé ma tête parallèlement, sans laisser de traces. C'est la mémoire involontaire – et non notre volonté – qui décide pour nous.

Comment le fait d'être une femme a-t-il joué sur votre travail ?

J'ai vécu la douleur comme un état, en quelque sorte, inhérent à l'être féminin. Comme toutes les femmes, je me suis ennuyée, fatiguée, près d'hommes qui me voulaient près d'eux pour se reposer de leur travail ou pour me laisser à la maison. Et c'est là, à la maison, dans la cuisine, souvent, que j'ai écrit. Je me suis mise à aimer le vide laissé par les hommes qui sortaient. Ce n'est qu'alors que je pouvais penser, ou ne pas penser du tout, ce qui revient au même.

Ce que vous dites rappelle certains états d'âme de Sara, dans Les Petits Chevaux de Tarquinia.

Sara n'est jamais seule, il y a toujours l'enfant avec elle, ou Jacques, son mari, ou la bonne, ou «l'autre», celui qui pourrait être et ne sera pas son amant. Malgré cela, sa solitude est la solitude irréductible de quelqu'un qui se tait. Et dans ces silences, tout arrive.

Que croyez-vous que soit la spécificité féminine de votre œuvre?

Je ne me pose pas la question de ce que signifie avoir une sensibilité féminine quand je travaille.

Dans Une chambre à soi, *Virginia Woolf affirme que la condition normale et parfaite de tout être humain est que les principes du masculin et du féminin vivent harmonieusement* [78].

Le grand esprit est androgyne [79]. Viser à certaines féminisations de l'art est une grosse erreur des femmes. En se créant cette spécificité, elles limitent la portée même de leur propos.

Que pensez-vous du féminisme?

Je me méfie de toutes ces formes un peu obtuses de militantisme qui ne conduisent pas toujours à une vraie émancipation féminine. Il y a des contre-idéologies plus codifiées que l'idéologie elle-même. Bien sûr, une femme consciente et informée est déjà en elle-même une femme politique: à condition qu'elle ne s'enferme pas dans un ghetto en faisant de son corps le lieu du martyre par excellence.

Le silence, la pratique et la connaissance du silence, comme vous dites, seraient la mesure même de l'être féminin ?

Au lieu de l'exclure ou d'en craindre l'ambiguïté, la femme traduit, englobe l'intégrité même du silence dans la parole qu'elle prend. L'homme, lui, ressent la nécessité de *devoir parler,* comme s'il ne pouvait pas du tout supporter la force du silence.

Cet usage différent de la parole entre les sexes réclamerait encore une fois la comparaison à laquelle vous faites souvent allusion entre les femmes et les sorcières.

Dans *La Sorcière,* Michelet affirme que, à l'origine du langage des femmes, se trouvait leur solitude [80]. Abandonnées à elles-mêmes par les hommes partis en croisades, elles auraient commencé à parler seules, avec la nature, un langage primaire, ancestral. Pour empêcher la propagation de la parole non codifiée par conséquent, elles auraient été punies. La femme et avec elle les enfants ont toujours été plus proches de la transgression, de la folie.

Dans un essai qu'il vous a consacré, Dionys Mascolo a parlé « d'une imprudence dont la femme est sans doute seule capable de donner des exemples extrêmes : un goût du risque différent de celui auquel nous ont habitués les héros de la vie "spirituelle", la faculté de remettre

*en question toute assurance, toute sécurité acquise, en
un jeu de va-tout que semble guider seule une inconce-
vable (inconceptualisable) confiance faite à l'inconnu
comme inconnu*[81] ».

J'ajouterais la faculté d'affronter jusqu'au bout
l'expérience de la douleur sans s'en faire anéantir.
Une certaine faiblesse de l'homme le rend à tel point
impréparé qu'il se dérobe à la substance même de la
souffrance, en la mythifiant, en l'extériorisant avec
colère, avec une violence physique.

*Le courage d'accéder à la vérité dévoilée n'empêche
pas vos personnages féminins de recourir aussi bien au
mensonge, elles ont presque une habitude de la dissimu-
lation. Suzanna Andler, Sara, Anne Desbaresdes, Lol,
Anne-Marie Stretter...*

Elles sont victimes de passions qui les traversent
– comme quand, du fait de l'amant chinois, je me
suis mise à mentir à ma mère –, déchirées par le
dédoublement d'une personnalité qui leur échappe,
avant toute chose.

*Une femme qui, comme vous, écrit, comment se sou-
vient-elle de la façon dont elle a vécu la maternité ?*

Un homme ne pourra jamais savoir ce que signifie
mettre à la merci d'un autre être son corps, jusqu'à
l'épuisement de ses forces. Avec la conscience de la
violence que tout accouchement a en lui, par le fait

même de savoir déjà ce que sera la douleur de l'être que nous mettons au monde.

Quels rapports avez-vous avec Jean Mascolo, le fils que vous avez eu le 30 juin 1947 de Dionys Mascolo?

Nous sommes amis, avec Outa. C'est une des rares personnes qui me connaissent vraiment [82], il sait mes névroses, les hystéries dont je suis pleine. Et puis c'est un excellent compagnon de voyage. À Paris nous nous sommes toujours peu vus, des fois le soir, mais souvent nous avons voyagé ensemble en Europe. Il me faisait escorte, il protégeait mon isolement : on se complète, nous deux, moi avec mon obsession du travail, lui avec sa légèreté du temps libre.

Jean Mascolo a souvent participé, quoique indirectement, comme opérateur et photographe, au tournage de vos récents films, comme pour Les Enfants, *dont l'histoire s'inspire, et ce n'est pas un hasard, de lui.*

Jusqu'ici, il a un peu fait de tout, sans jamais trouver de travail qui le prenne complètement. Ni son père ni moi ne l'avons jamais poussé à en chercher. L'argent que j'ai maintenant lui appartient. Je le partage avec lui, comme toutes les fois où on m'offre quelque chose de spécial à manger.

À l'époque de Mai 68, votre fils faisait de la politique.
C'était vraiment un hippy. Doux, indifférent, lointain.

Un peu comme l'infatigable Alissa de Détruire dit-elle.
Si je n'avais appris certaines choses d'Outa, je n'aurais peut-être pas même écrit ce livre.

Comment avez-vous réagi à l'engagement de votre fils ?
Il allait chez son père lui dire qu'il ne voulait, qu'il ne pouvait rien faire. Puis il s'en est allé. Pendant des années, on le voyait revenir et repartir pour l'Afrique, de plus en plus maigre, émacié. Et pourtant on préférait le savoir fauché et désœuvré que prisonnier dans l'anonymat d'un bureau comme des millions de personnes à attendre la sonnerie du réveil dans le noir du petit matin pour aller au boulot.

Les lieux

Aux endroits que vous préférez, vous avez consacré un beau livre de photos intitulé Les Lieux de Marguerite Duras[83], *une sorte d'album des lieux mythiques de votre géographie personnelle.*

Il y a des lieux, dans ma mémoire, qui déchaînent plus que d'autres en moi des passions très fortes : des lieux à travers lesquels, encore maintenant, je sais que je ne pourrais pas passer indemne. Le corps les reconnaît instinctivement. La maison de Vinh Long, près du lac, est et sera toujours liée à la découverte du plaisir, une découverte que je n'aurais jamais pu partager avec ma mère[84]. Elle en serait morte.

Dans presque tous vos livres on note, même si ce n'est pas toujours de façon directe, la présence de la mer. Qui apparaît même comme le sujet d'un mince récit-journal, L'Été 80[85].

La mer est une des images, un des cauchemars, les plus fréquents dans ma tête[86]. Peu de personnes, je crois, la connaissent comme moi, qui ai passé des heures à l'observer. La mer me fascine et me terrorise. Je suis épouvantée depuis l'enfance par l'idée d'être emportée par les eaux. Mais la vraie mer, c'est la mer du Nord. Et seul Melville, dans *Moby Dick*, en rend par des mots la terrible, menaçante puissance.

Beaucoup de vos personnages, à partir de Lol V. Stein, habitent dans des stations balnéaires ou en tout cas parlent souvent de la mer.

La mer est une force illimitée où le «moi», le regard se noient, en se perdant pour retrouver leur propre identité. À la fin du monde, il ne restera plus, pour recouvrir la croûte terrestre, qu'une unique, immense mer. Toute trace dérisoire de l'homme aura disparu.

Une grande partie de l'année vous la passez dans votre appartement de Trouville, en alternant de brefs séjours à Paris avec ceux de Neauphle-le-Château.

L'appartement de Trouville se trouve dans un ancien hôtel, énorme, vide, au sol en damier de dalles noires et blanches, et aux grandes fenêtres. J'associe à cet endroit une certaine lumière claire, froide, que je ne trouve que là, et puis le vent, les premières lunes d'automne, même l'odeur des usines pétrolières du Havre.

La maison de Neauphle, je suis tombée amoureuse

d'elle tout de suite. Après tant de vagabondages, j'ai été remplie de joie, quand je l'ai achetée, par l'idée d'avoir pour la première fois une maison à moi. En y vivant ensuite, comme dans un théâtre qui aurait réclamé rien que pour lui des histoires, j'ai pensé à Lol V. Stein, à Nathalie Granger[87].

Resnais est venu m'y trouver, un jour, et il l'a choisie pour les flash-backs d'Emmanuelle à Nevers, dans *Hiroshima mon amour*. Ensemble, on s'est rendu compte que ce sont les lieux qui contenaient l'image des films qui viendront. Inutile de s'obstiner à les chercher. Il faudrait parler du néant, *se faire atteindre par les lieux*, sans idée aucune qui les précède.

Et votre actuel appartement de la rue Saint-Benoît à Paris ?

Il n'a changé qu'une fois en quarante ans. Maintenant je suppose qu'il restera en l'état.

La maison est un réceptacle où l'on entre pour être rassurés et, en même temps, essentiellement et dangereusement influencés par ses occupants. Elle appartient à la femme – l'homme se contente d'user de l'espace – comme une sorte de prolongement de son utérus. C'est pourquoi elle ne doit pas être encombrée de fétiches qui, la séparant du monde extérieur, la rendent invivable. La maison pour moi a toujours été un lieu ouvert, où il faut laisser passer l'air extérieur. Pendant toute ma vie, alors que je vivais seule, je n'ai fermé la porte que tard le soir.

Votre appartement a été, des années durant, le point de rendez-vous d'un cercle étroit d'amis.

Ah oui. Georges Bataille, Maurice Blanchot, Gilles Martinet, Edgar Morin, Elio Vittorini venaient ici. C'étaient des amis, mais ce n'était pas à eux ni à ce dont on discutait le soir que je pensais en écrivant.

J'ai toujours séparé les deux domaines : pour eux, qui sait, je n'étais alors qu'une amie bavarde et hospitalière, disposée à les laisser dormir sur le canapé et à faire les repas à n'importe quelle heure.

Maintenant encore votre appartement est fréquenté.

Des gens qui appellent ou sonnent directement à la porte. Ils veulent me voir, ils disent. Moi ça ne m'a jamais intéressée de connaître les artistes que j'aimais. Ce qu'ils faisaient me suffisait. Alors si on m'avait demandé «Tu as envie de connaître Picasso ? », j'aurais répondu non.

Une grande partie des artistes n'ont pas la moindre conscience de la grandeur ou de l'importance de leur œuvre. La sublime ignorance, on peut dire ça, de Bach, de Vélasquez...

Vous aimez Paris ?

Y vivre m'est devenu presque impossible. La circulation m'épouvante, j'ai cessé de conduire et la ville me semble un gigantesque labyrinthe mortel et commercial qui engloutit jour après jour sa beauté selon les critères de prétendue « nouvelle architecture ».

Même les quartiers populaires changent. Pigalle, le Marais. Et les banlieues où la vie au moins grouillait. On les a transformées en énormes blocs de béton où la solitude est encore plus atroce, si c'était possible.

Le Paris qui me plaît, c'est le Paris désert des dimanches d'été, de la nuit, mais il n'existe presque plus.

Les lieux où vous vous retrouvez chaque fois influencent votre travail ?

Oui. À Paris, désormais, il m'est de plus en plus difficile de travailler. Et pas seulement parce que, en face de mes fenêtres, juste devant mon bureau, on a démoli une imprimerie du XIXe siècle pour faire un hôtel quatre étoiles, blanc, style Broadway.

C'est que si je restais là, je risquerais de succomber au chaos et de me recroqueviller dans ma tanière. Alors que ce dont on a besoin en écrivant, c'est de sentir l'air, les bruits, enfin tout ce qui vit, le monde extérieur.

Notes

1. Ex-photographe allemande, veuve de Giangiacomo Feltrinelli, elle était l'une des éditrices de Duras en Italie.

2. Gallimard, «Folio», 2000, p. 305.

3. Quelques-unes des principales interviews de Duras:

– *Franc-Tireur*, entretien avec Henri Marc, 14 septembre 1956.

– *Le Monde*, entretien avec Claude Sarraute, 18 septembre 1956.

– *Les Nouvelles littéraires*, entretien avec André Bourin, 18 juin 1959.

– *Cinéma 60*, entretien avec Marcel Frère, février 1960.

– *Le Monde*, entretien avec Nicole Zand, 22 février 1963.

– *L'Express*, entretien avec Madeleine Chapsal, repris dans Madeleine Chapsal, *Quinze écrivains*, Julliard, 1963, et dans *Ces voix que j'entends encore*, Fayard, 2011.

– «Les hommes d'aujourd'hui ne sont pas assez féminins», propos recueillis par Pierre Hahn, *Lettres et Médecins*, mars 1964.

– «Une journée étouffante», propos recueillis par C. M., *La Gazette de Lausanne*, 19 au 20 septembre 1964.

– «Une interview de Marguerite Duras», propos recueillis par Jacques Vivien, *Paris Normandie*, 2 avril 1965.

– *Le Monde*, entretien avec Yvonne Baby, 7 mars 1967.

– *Le Monde*, entretien avec Claude Sarraute, 20 décembre 1968.

– *Le Monde*, entretien avec Pierre Dumayet, 5 avril 1969.

– *Le Monde*, entretien avec Yvonne Baby, 17 décembre 1969.

– *Le Monde*, entretien avec Colette Godard, 28 juillet 1974.

– *Cinématographe*, entretien avec Pierre Bregstein, n° 13, juin 1975.

– *Écran*, entretien avec Claire Clouzot, n° 49, juillet-août 1976.

– *Les Nouvelles littéraires*, entretien avec Anne de Gasperi, 25 novembre 1976.

– *Le Quotidien de Paris*, entretien avec Anne de Gasperi, 8 janvier 1977.

– *Le Point*, entretien avec Jack Gousseland, 14 février 1977.

– *Marie-Claire*, entretien avec Michèle Manceaux, n° 297, mai 1977.

– « Le noir atlantique », *Des Femmes en mouvement*, n° 57, 11 septembre 1981.

– « Le décor de *Savannah Bay* », entretien avec Roberto Plate, *Cahiers Renaud-Barrault*, Gallimard, n° 106, septembre 1983.

– « L'Attente du père », propos rapportés par François Peraldi, *in Études freudiennes* n° 23, 1984.

– « C'est fou c'que j'peux t'aimer », entretien de Marguerite Duras avec Yann Andréa, entretien réalisé par Didier Eribon, *Libération*, 4 janvier 1984.

– « Ils n'ont pas trouvé de raisons de me le refuser », propos recueillis par Marianne Alphant, *Libération*, 13 novembre 1984.

– « Duras-Zouc », entretien avec Zouc, *Le Monde*, 13 décembre 1984 (c'est elle, l'intervieweuse).

– *Lire*, entretien avec Pierre Assouline, n° 112, janvier 1985. Repris dans *Écrire, Lire et en parler*, Laffont, 1985.

– « Duras tout entière… Un entretien avec un écrivain au-dessus de tout Goncourt », propos recueillis par Pierre Bénichou et Hervé Le Masson, *Le Nouvel Observateur*, 14-20 novembre 1986.

– « Marguerite Duras : "La littérature est illégale ou elle n'est pas" », propos recueillis par Gilles Costaz, *Le Matin*, 14 novembre 1986.

– *Elle*, entretien avec Anne Sinclair, 8 décembre 1986.

– *Lire*, entretien avec André Rollin, nº 136, janvier 1987.

– *Libération*, entretien avec Denis Belloc, 19-20 septembre 1987 (c'est elle l'intervieweuse).

– *Libération*, entretiens avec Michel Platini, les 14 et 15 décembre 1987 (c'est elle l'intervieweuse).

– « Duras dans les régions claires de l'écriture », entretien avec Colette Fellous, *Le Journal littéraire*, décembre 1987.

– « L'ultima immagine del mondo », entretien avec Edda Melon, 18 février 1988. Publié en italien dans la réédition de la traduction de *L'Amante anglaise* (Feltrinelli, 1988).

– « La vie Duras », propos recueillis par Marianne Alphant, *Libération*, 11 janvier 1990.

– « Duras parle du nouveau Duras » (à propos de *La Pluie d'été*), propos recueillis par Pierrette Rosset, *Elle*, nº 2297, 15 janvier 1990.

– « J'ai vécu le réel comme un mythe », propos recueillis par Aliette Armel, *Le Magazine littéraire*, juin 1990, p. 16-27.

– « Duras dans le parc à amants », propos recueillis par Marianne Alphant, *Libération*, 13 juin 1991.

– « Vous faites une différence entre mes livres et mes films ? », entretien avec Marguerite Duras, propos recueillis par Jean-Michel Frodon et Danièle Heymann, *Le Monde*, 13 juin 1991.

– « Les nostalgies de l'amante Duras » (à propos de *Yann Andréa Steiner*), propos recueillis par Jean-Louis Ezine, *Le Nouvel Observateur*, 24 juin-1er juillet 1992.

4. Marguerite Duras a quitté le Viêt Nam en 1932 et n'y est jamais revenue.

5. *Le Camion* suivi d'*Entretien avec Michelle Porte*, Minuit, 1977, p. 115.

6. Dans un article du *Nouvel Observateur*, en date du 12 janvier 1970, intitulé « Duras *Telle Quelle* », Sollers se démarquait en effet d'une interprétation politique trop littérale sur Mai 68 et il proposait une interprétation non pas « littéraire », mais psychanalytique du film (et non du roman) autour du thème de la castration et de l'homosexualité (masculine et féminine). « Une femme subit donc de la part des trois autres une sorte de *psychanalyse sauvage* et l'on pourra dire qu'elle sera symptomatiquement "guérie" à la fin du film, c'est-à-dire avec un très bel indice qui est le vomissement, guérison qui ne résout rien puisqu'elle se heurte à une impossibilité sociale représentée par l'arrivée du "mari". Et c'est à ce moment, je trouve, qu'est posée l'impossibilité du *dehors* même de l'enclos analytique, c'est-à-dire le rêve d'une sorte de communauté impossible à l'intérieur de cet enclos. Cela me paraît intéressant idéologiquement, parce que c'est un problème qui renvoie à quelque chose de très actuel, c'est-à-dire l'articulation, possible ou pas, du discours analytique et de son dehors, qui serait le discours politique. Mais là il semble bien que le film reste en suspens et ne peut passer à une résolution de cette question. »

7. Le texte de Maurice Blanchot « Détruire » sur *Détruire dit-elle* a paru dans le numéro spécial de « Ça/Cinéma »

édité aux Éditions Albatros, consacré à Marguerite Duras, en 1975. «D'où viennent-ils? Qui sont-ils? Certes des êtres comme nous: il n'en est pas d'autres en ce monde. Mais, en effet, des êtres déjà radicalement détruits (d'où l'allusion au judaïsme), toutefois tels que, loin de laisser des cicatrices malheureuses, cette érosion, cette dévastation ou ce mouvement infini de mourir qui est en eux comme le seul souvenir d'eux-mêmes (en celui-ci avec la fulguration d'une absence enfin révélée, en celui-là par la lente progression encore inachevée d'une durée et, dans la jeune fille, par sa jeunesse, car elle est purement détruite par son rapport absolu à sa jeunesse), les a libérés par la douceur, pour l'attention à autrui, l'amour non possessif, non particularisé, non limité: libérés pour tout cela et pour le mot singulier qu'ils portent l'un et l'autre, l'ayant reçu de la plus jeune, l'adolescente nocturne, celle qui, seule, peut le "dire" avec une parfaite vérité: *détruire dit-elle*» (p. 102).

8. *Le Camion, op. cit.*, p. 25 et p. 74.

9. Repris chez Gallimard en 2006 (et en «Folio» en 2012) sous le titre *Le Bureau de poste de la rue Dupin et autres entretiens.*

10. «Sublime, forcément sublime, Christine V.», paru le 17 juillet 1985. La découverte du corps de l'enfant Grégory avait eu lieu le 16 octobre 1984.

11. Duras écrivait notamment: «Aucun homme au monde ne peut savoir ce qu'il en est pour une femme d'être prise par un homme qu'elle ne désire pas. La femme pénétrée sans désir est dans le meurtre. Le poids cadavérique de la jouissance virile au-dessus de son corps a le poids du meurtre qu'elle n'a pas la force de rendre: celui de la folie. [...] Et que les progrès de ce malheur elle ne les voie pas se faire, c'est certain, elle

ignorerait de plus en plus où elle va: une nuit qui descendrait sur elle Christine V. innocente qui peut-être a tué sans savoir comme moi j'écris sans savoir, les yeux contre la vitre à essayer de voir clair dans le noir grandissant du soir de ce jour d'octobre.» À la suite de cette publication, Françoise Sagan, Benoîte Groult, Simone Signoret, Régine Deforges et Angelo Rinaldi s'insurgeront. Edmonde Charles-Roux la défendra. Le 14 novembre 1986, au cours d'un entretien avec Pierre Bénichou et Hervé Le Masson, paru dans *Le Nouvel Observateur*, elle déclare: «Son crime, je m'en fous. Les juges s'en foutent! J'en suis sûre. En tout cas, personne n'a plus osé l'attaquer depuis mon article.» Christine Villemin refusera de la rencontrer et l'attaquera avec le journal pour diffamation, puisque Duras impliquait qu'elle était bel et bien la meurtrière, ce que l'inculpée niait. Elle ne sera déboutée qu'en 1994 pour cette action en justice contre *Libération*. Mais elle bénéficie d'un non-lieu le 3 février 1993 pour le meurtre de son enfant. Dans les années qui suivent, les tests ADN ne donnent rien de probant mais ils reprennent en septembre 2012, grâce à de nouvelles méthodes d'investigation technologique. Le soir même du non-lieu, la journaliste Christine Ockrent diffusait, sur *Soir 3*, une interview de Duras, enregistrée quelques jours avant la sentence de non-lieu qui était alors déjà quasi certaine. Duras persistait à dire que ses analyses, dans tous les cas de figure, innocentaient Christine V., attribuant son meurtre à sa condition de femme flouée. Et que toutes les femmes l'auraient innocentée. Mais elle précisait que son article aurait dû, pour éviter tout malentendu et tout scandale, commencer par une précaution oratoire: «Si nous sommes dans le cas d'avoir affaire à une

166

criminelle… » Elle exigeait donc que l'on lût son article comme une simple hypothèse. Ce qui lui donnait rétrospectivement un tout autre sens. Ockrent lui demande : « Pour vous l'affaire est close ? » Elle répond : « Cette affaire est terminée. Je ne sais pas si elle est close. C'est beau le français de temps en temps. Elle est terminée. »

12. En 1993, Duras écrira un texte d'autodéfense qui reprend la même argumentation quant à son article et à cette affaire : « Le problème de ce crime est un problème de femmes. Le problème des enfants est un problème de femmes. Le problème de l'homme est un problème de femmes. L'homme l'ignore. Tant que l'homme s'illusionnera sur la libre disposition de sa force musculaire, matérielle, la profondeur de l'intelligence ne sera pas masculine. Seule la femme sera avertie de l'erreur de l'homme sur lui-même. Il y a bien pire que les gifles pour un steak mal cuit, il y a la vie quotidienne. » Ce texte resta inédit jusqu'à sa publication dans la biographie de Laure Adler, *Marguerite Duras*, Gallimard, 1998. D'autres textes concernant cette affaire se trouvent dans le dossier hors-série du *Monde*, publié en août-octobre 2012, *Marguerite Duras, la voix et la passion*, sous la direction de Jean-Pierre Martin. Ce dossier contient également le texte de Jacques Lacan, un entretien d'Hélène Cixous et Michel Foucault, qui avait paru dans les *Cahiers Renaud-Barrault*, n° 89, 1975, et des contributions de Laure Adler, Jean Vallier, Yann Andréa, Philippe Sollers, Julia Kristeva, Peter Handke, Jeanne Moreau, Didier Eribon.

13. Le 17 octobre 1988, elle subit une trachéotomie et ne sortira de l'hôpital que près d'un an plus tard, après avoir subi un coma artificiel. Elle avait été désintoxiquée pour la

première fois en octobre 1982. C'est probablement plutôt à sa cure de désintoxication qu'elle fait allusion et qu'a décrite Yann Andréa dans *M. D.* (Minuit, 1983).

14. Le 26 avril 1986.

15. Le livre de Yann Andréa, dont le patronyme d'état civil est Lemée, est, on l'a signalé, consacré à la désintoxication de Marguerite Duras.

16. Minuit, 1983. Les passages cités se trouvent aux pages 74 et 87.

17. Jacques Lacan a publié un hommage à ce roman dans *Cahiers Renaud-Barrault*, Paris, Gallimard, décembre 1965, n° 52, p. 7-15. Il y écrit notamment: «N'est-ce pas assez pour que nous reconnaissions ce qui est arrivé à Lol, et qui révèle ce qu'il en est de l'amour; soit de cette image, image de soi dont l'autre vous revêt et, qui vous habille, et qui vous laisse quand vous en êtes dérobée, quoi être sous? Qu'en dire quand c'était ce soir-là, Lol toute à votre passion de dix-neuf ans, votre prise de robe et que votre nudité était dessus, à lui donner son éclat? Ce qui vous reste alors, c'est ce qu'on disait de vous quand vous étiez petite, que vous n'étiez jamais bien là. Mais qu'est-ce donc que cette vacuité? Elle prend alors un sens: vous fûtes, oui, pour une nuit jusqu'à l'aurore où quelque chose à cette place a lâché: le centre des regards. Que cache cette locution? Le centre, ce n'est pas pareil sur toutes les surfaces. Unique sur un plateau, partout sur une sphère, sur une surface plus complexe ça peut faire un drôle de nœud. C'est le nôtre. Car vous sentez qu'il s'agit d'une enveloppe à n'avoir plus ni dedans, ni dehors, et qu'en la couture de son centre se retournent tous les regards dans le vôtre, qu'ils sont le vôtre qui les sature et qu'à jamais, Lol, vous réclamerez

à tous les passants. Qu'on suive Lol saisissant au passage de l'un à l'autre ce talisman dont chacun se décharge en hâte comme d'un danger: le regard. Tout regard sera le vôtre Lol, comme Jacques Hold fasciné se dira pour lui-même prêt à aimer "toute Lol". Il est une grammaire du sujet où recueillir ce trait génial il reviendra sous une plume qui l'a pointé pour moi. Qu'on vérifie, ce regard est partout dans le roman. Et la femme de l'événement est bien facile à reconnaître de ce que Marguerite Duras la dépeint comme non-regard. J'enseigne que la vision se scinde entre l'image et le regard, que le premier modèle du regard est la tache d'où dérive le radar qu'offre la coupe de l'œil à l'étendue. Du regard, ça s'étale au pinceau sur la toile, pour vous faire mettre bas le vôtre devant l'œuvre du peintre.» Le texte est repris dans *Marguerite Duras*, Éditions Albatros, «Ça/Cinéma», 1975, p. 95. Et dans le dossier hors-série» du *Monde, Marguerite Duras, la voix et la passion, op. cit.*, p. 98.

18. «Du ravissement, – ce mot nous fait énigme. Est-il objectif ou subjectif à ce que Lol V. Stein le détermine? Ravie. On évoque l'âme, et c'est la beauté qui opère. De ce sens à portée de main, on se dépêtrera comme on peut, avec du symbole. Ravisseuse est bien aussi l'image que va nous imposer cette figure de blessée, exilée des choses, qu'on n'ose pas toucher, mais qui vous fait sa proie. Les deux mouvements pourtant se nouent dans un chiffre qui se révèle de ce nom savamment formé, au contour de l'écrire: Lol V. Stein.

Lol V. Stein: ailes de papier, V ciseaux, Stein, la pierre, au jeu de la mourre tu te perds.

On répond: O, bouche ouverte, que veux-je à faire trois bonds sur l'eau, hors-jeu de l'amour, où plongé-je? Cet art suggère que la ravisseuse est Marguerite Duras, nous les ravis. Mais si, à presser nos pas sur les pas de Lol, dont son roman résonne, nous les entendons derrière nous sans avoir rencontré personne, est-ce donc que sa créature se déplace dans un espace dédoublé? ou bien que l'un de nous a passé au travers de l'autre, et qui d'elle ou de nous alors s'est-il laissé traverser? Ou l'on voit que le chiffre est à nouer autrement car pour le saisir, il faut *se compter trois*» (*ibid.*).

19. En 1989. Elle n'avait pas encore publié *La Pluie d'été* (1990), *L'Amant de la Chine du Nord* (1991), *Yann Andréa Steiner* (1992), *Écrire* (1993).

20. Dans l'album *Ha! Ha! Ha!* (1977). Le groupe était constitué de John Foxx (vocal), Stevie Shears (guitare), Warren Cann (batterie), Chris Cross (basse), Billy Currie (violon et clavier).

21. Dans un entretien avec Bernard Pivot, dans l'émission *Apostrophes* du 28 septembre 1984, deux mois avant l'obtention de son prix Goncourt, pour *L'Amant*. Elle disait que cette «écriture courante» qu'elle avait longtemps cherchée, elle était sûre de l'avoir atteinte alors, ici. Elle la définissait ainsi: une «écriture presque distraite qui court, qui est plus pressée d'attraper les choses que de les dire, vous voyez, je parle de la crête des mots, qui court sur la crête, pour aller vite, pour ne pas perdre».

22. Lorsque Duras mourra, Jacqueline Risset reprendra cette expression dans la nécrologie qu'elle publie dans *L'Unità*, en mars 1996: «Elle a rejoint ce "pays sauvage" qu'était pour elle l'écriture. Peut-être est-ce Marguerite Duras qui a réalisé, mieux que les autres écrivains du xxᵉ siècle, le désir de Flaubert: "écrire un livre sur le rien", scruter jusqu'au bout la possibilité

de l'acte d'écrire, définir ce qui pourrait s'appeler la cellule première, l'atome de la littérature. Dans ses livres, la fiction vient à la vie, non pas comme cela pourrait sembler à première vue, à travers la plénitude de l'imaginaire romanesque, avec ses riches fioritures, avec ses espaces composites, exotiques, mais à travers l'extrême pauvreté, la presque totale raréfaction des éléments de base. Et chaque fois, il s'agit de l'exploration d'un espace inconnu – souvent l'amour comme lieu du vide et de l'absence. »

23. Le Centurion, 1980 ; Le Livre de poche, 1982, p. 147.

24. *Ibid.*, p. 233.

25. *L'Ère du soupçon*, Gallimard, 1956.

26. Gallimard, 1983. Ce fut, en réalité, le premier véritable succès populaire de Nathalie Sarraute.

27. En fait, Robbe-Grillet était en train de le rédiger (*Les Derniers Jours de Corinthe*) car il ne paraîtra qu'en 1994. Avaient paru *Le miroir qui revient* (1985) et *Angélique ou l'Enchantement* (1988), tous chez Minuit.

28. Dans un entretien ultérieur avec Irène Frain, publié dans *Lire*, juillet-août 2000, Robbe-Grillet dira : « Au départ, c'était une femme drôle, vive, chaleureuse. Sur le tard, elle est devenue ce personnage gonflé d'orgueil qu'on a souvent décrit. Tout écrivain normal doit être persuadé qu'il est le plus grand. Marguerite Duras n'échappait pas à la règle ; simplement, il lui était impossible d'imaginer que d'autres écrivains qu'elle l'étaient également... »

29. Philippe Sollers publiera dans *Le Nouvel Observateur*, 3-9 février 1994, un article intitulé « Duras médium », repris dans *Éloge de l'infini* (Gallimard, 2001) et dans le dossier hors-série du *Monde*, *Marguerite Duras, la voix et la passion*, *op. cit.*,

p. 85 : « Les livres de Duras sont des incantations, des litanies, des proférations, des expériences du souffle. Et après, sur la scène, qui envoûte qui ? La télévision ? Marguerite Duras ? Où est la vérité ? Où est le pouvoir ? » Il accordera, quelques années plus tard, un entretien passionnant et très direct à Jean-François Kervéan sur l'antipathie qui était née entre Duras et lui, dans *L'Événement du Jeudi*, 3 septembre 1998, à l'occasion de la publication de la biographie de Duras par Laure Adler. Il dit notamment : « Le problème Duras m'intéresse parce que c'est le personnage emblématique d'une France telle que je ne m'y reconnais pas. [...] Avec elle, on est, à l'origine, dans le premier grand problème français, qui est celui du colonialisme, en Indochine. Et on a affaire à une Marguerite Duras, qui, sous le nom de Donnadieu, se présente comme le chantre du colonialisme français. Son livre, à l'époque, est explicite. [...] C'est un écrivain fort, avec des moyens considérables de révélation, au sens médiumnique du mot. Sa littérature relève davantage de la prédication de voyance que de l'exercice conscient du langage. Il y a chez elle une force, d'où son emprise hypnotique, qui lorsqu'elle est portée à l'écran dans *India Song* ou *Hiroshima mon amour* atteint d'ailleurs un tel ridicule, un tel pathos, qu'il suffirait qu'un enfant se lève pour dire que le roi est nu. Je suggère une parenté entre un comportement hiératique et une façon de s'hypnotiser et d'hypnotiser tout un pays, ce qui n'est pas rien. [...] Ce que j'entends chez Duras, c'est quelque chose de puissant, de très insistant, d'autoritaire, d'instrumentalisé, mais qui, à mon oreille du moins, sonne faux. [...] Cette sensation de faux, je me suis toujours demandé d'où ça venait. Continuons à dérouler le fil... Ensuite est venu chez elle ce qui m'a le plus choqué et que j'appellerai le pseudo-judaïsme. Je suis désolé d'avoir cette oreille, mais dans son philosémitisme proclamé, on entend un surinvestissement dû, à mon avis, à un intense sentiment de culpabilité pour avoir méconnu l'ampleur de la Shoah. Cette culpabilité pousse à une autoterrorisation qui consiste à vouloir faire juif à la place des Juifs. C'était le cas de Duras. [...] Dans les années 70, on se voyait. *Tel Quel* était près de la rue Saint-Benoît, on allait prendre des cafés au Pré-aux-Clercs. Elle était plutôt positive à mon égard. C'était l'époque du féminisme, aussi. [...] Elle était plutôt sympathique, elle devait boire beaucoup, déjà. Peu importe. Et puis arrive l'explosion avec la publication de *Femmes*. Ce livre a eu un grand retentissement. C'est le moment où elle va surgir, un an après, avec *L'Amant*. Mitterrand a pris le pouvoir, elle va devenir la sibylle, la prophétesse de l'Élysée. [...] Duras, elle, entame son ministère délirant, où elle peut parler de l'Afrique, de la province française, du sexe du gisant de Victor Noir au Père-Lachaise... C'est l'époque des entretiens Duras-Mitterrand dans *L'Autre Journal*. Elle félicite Mitterrand d'avoir construit le sous-marin *Richelieu*, il lui répond: pardon, mais c'est un porte-avions. Peu importe, on s'envole dans le grand numéro de Duras à l'époque. [...] Dans une interview à *Globe* avec Pierre Bergé, je suis le moine du fromage Chaussée aux moines, tonsuré, risible, ignoble avec les femmes, romancier nul, etc. À partir de là, ses attaques seront systématiques. Après *Femmes*, elle me considère gênant dans le paysage, donc à détruire. [...] Il y a une frigidité, une sécheresse chez elle, sa transcendance factice, moi, ça me paraît forcé. Je trouve pathétique que quelqu'un qui se dit spécialiste de l'amour se pose la question dont Laure Adler témoigne: "Pourquoi suis-je si méchante?" [...] Je trouve ses livres forts, hypnotiques. Mais je crois que cela vieillira mal. Les films sont déjà invisibles. Les livres seront atteints de la même façon, un jour ou l'autre. C'est une littérature qui me paraît artificielle, gonflée, dans la réitération. J'ai toujours senti chez elle, même au téléphone, une volonté de domination. Je n'aime pas cela. Je n'imagine pas Kafka ainsi.»

30. Le 2 décembre 1987, Colette Fellous organisait une rencontre entre Jean-Luc Godard et Marguerite Duras. Cet entretien d'une heure fut filmé par Jean-Daniel Verhaeghe et diffusé dans le cadre de l'émission *Océaniques* sur FR3 le 28 décembre 1987. Ils parlent d'*Emily L.* et de *Soigne ta droite*, le film de Godard. Une partie en a été retranscrite dans *Le Magazine littéraire*, juin 1990.

31. Duras en voulait aussi à Sartre parce qu'il avait critiqué «Madame Dodin» qu'elle lui avait envoyé pour *Les Temps modernes*, ainsi qu'elle le raconte dans un entretien à Edda Melon, publié en préface à la traduction de *L'Amante anglaise*: «Sartre m'a convoquée pour me dire que le sujet était intéressant, que c'était une belle histoire, mais que je ne savais pas écrire. Et il a ajouté: "Ce n'est pas moi qui le dis, mais une femme, une femme en qui j'ai la plus grande confiance." C'était Simone de Beauvoir, naturellement. Et dire qu'elle écrivait comme un pied, sans grâce aucune, des choses où tout est dit, tout est déjà dans les mots.» Mais en réalité, *Les Temps modernes* ont tout de même publié la nouvelle de Duras, en mai 1952. Et elle a paru, deux ans plus tard, dans *Des journées entières dans les arbres* chez Gallimard.

32. L'éditeur des trois écrivains qui précèdent. Il sera le premier éditeur italien de Duras, en effet.

33. Le roman d'Elsa Morante a paru en 1974 en Italie, mais seulement en 1977 en France. Elsa Morante est morte le 25 novembre 1985.

34. *Les Yeux ouverts*, *op. cit.*, p. 69. Dans son texte, Marguerite Yourcenar parle d'Hadrien et de Zénon, le héros de *L'Œuvre au noir*. Plus tard, dans le même ordre d'idées, elle dira, à propos de son propre père, Michel, dans *Archives du Nord*: «Je ne suis pas plus Michel que je ne suis Zénon ou Hadrien. J'ai essayé de le reconstituer – comme tout romancier – à partir de ma substance, mais c'est une substance indifférenciée. On nourrit de sa substance le personnage qu'on crée: c'est un peu un phénomène de gestation. Il faut bien pour lui donner ou lui rendre la vie, le fortifier d'un apport humain, mais il ne s'ensuit pas qu'il soit nous ou que nous soyons lui. Les entités restent différentes» (p. 211).

35. Respectivement dans *Le Vice-Consul*, *Un barrage contre le Pacifique*, *Le Ravissement de Lol V. Stein*, *Moderato cantabile* et dans le cycle de *L'Amour*, *La Femme du Gange* ou *India Song*.

36. Le 29 mai 1985, quelques minutes avant le début du match opposant la Juventus de Turin et l'équipe de Liverpool, pour la coupe d'Europe des clubs champions, un mur de tribune et des grilles se sont effondrés dans une bousculade sous la pression des hooligans écossais assaillant les supporters italiens, faisant trente-neuf morts et six cents blessés. Duras n'était pas seule devant son poste. L'Europe entière a assisté à cette barbarie en direct.

37. Neuf ans plus tard, le 4 mars 1996, le footballeur confiait au journaliste Patrick Leroux, toujours dans *Libération*: «J'ai vécu cette interview comme quelque chose de complètement irréaliste, ou plutôt surréaliste, dans la mesure où

moi, je ne savais pas qui était Marguerite Duras, je n'avais pas conscience de son rayonnement intellectuel. Non, je n'étais pas impressionné, puisque je ne mesurais pas l'importance de cette personne dans un monde littéraire dont j'ignorais tout ou presque. En revanche, j'avais été très intéressé, car j'ai toujours adoré le contact avec des gens qui n'étaient pas du football. Avec elle, j'étais servi, car je suis certain qu'elle n'était jamais allée à un match de football. Ce qu'il me reste de cette interview, c'est l'approche qu'elle avait de moi en tant que joueur. Elle parlait sans cesse d'angélisme, elle avait même inventé un mot, l'angélhomme, pour parler des footballeurs. Elle me considérait comme un ange bleu... C'était amusant, c'était nouveau, c'était une façon complètement différente de voir le sport. Elle m'a beaucoup parlé de l'ambiance, du rapport de l'homme par rapport à un ballon, de ma famille. Ses questions étaient souvent touchantes. Quand je jouais en Italie, plusieurs écrivains avaient écrit de longs papiers sur moi, mais c'était tous des intellectuels intéressés par le football. Je n'ai jamais été interrogé par quelqu'un d'aussi ignare des choses du football. »

38. « Duras-Platini, le stade de l'ange ». Il s'agissait d'une rencontre organisée par le journaliste Jean-Pierre Delacroix, à l'occasion de la publication du livre de Michel Platini, *Ma vie comme un match* (en collaboration avec Patrick Mahé, Laffont, 1987). Elle fut filmée sous la forme d'un entretien télévisé en deux parties : « Qu'est-ce que c'est que ce jeu-là ? Démoniaque et divin » (14 décembre) et « Le stade de l'ange » (15 décembre), qui furent diffusées dans l'émission *Des idées et des hommes*. Duras disait notamment : « Mon métier dans le monde, c'est de le regarder. Le terrain de football, c'est un

lieu où l'autre est autant que vous-même. À égalité. [...] Le terrain de football, cet endroit où jouent les joueurs, où ils sont enfermés, c'est un théâtre que les spectateurs regardent, un lieu d'affrontement, donc un lieu déjà politique. Dès que tu as un enjeu, même celui d'une victoire banale, tu as celui d'une défaite déjà moins banale – celle de sa justification par l'insulte : tu ne joues plus pour jouer, tu joues contre un ennemi. Et tout est bon pour essayer de le salir, de justifier sa défaite. Personne n'échappe à cette horreur. Bien sûr, il n'y a pas de traduction politique de ce qui se passe dans un stade. Mais déjà, il y a un reflet, un racisme – tous les mots sont bons ; mais toi tu n'as jamais fait de rejet. J'en suis sûre. » Cet entretien a fait l'objet d'une adaptation théâtrale par Guy Naigeon, en octobre 2012, au Nouveau Théâtre du 8e, à Lyon.

39. Cosigné par Paul Seban. Son premier film au sens strict est *Détruire dit-elle*, 1969.

40. « Notes sur *India Song* », publiées pour la première fois dans le recueil collectif *Marguerite Duras, op. cit.* Et citées dans *Les Lieux de Marguerite Duras*, de Michelle Porte et Marguerite Duras, Minuit, 1978.

41. En réalité quinze, si l'on compte la coréalisation et le doublon d'*India Song* (la bande-son est la même, mais les images différentes) qu'est *Son nom de Venise dans Calcutta désert* et les moyens-métrages. Il faut y ajouter quatre courts métrages. Bien entendu, on peut considérer qu'*Une aussi longue absence* et *Hiroshima mon amour* sont des films de Marguerite Duras, tant son empreinte y est déterminante. Son dernier film, inspiré d'*Ernesto*, est *Les Enfants* (1985). La plupart de ses films ont fait l'objet, avant ou après la réalisation, de versions

écrites. Les volumes écrits sont plus nombreux, mais il y a plusieurs plaquettes. De récits et romans, en effet, on peut en compter une vingtaine.

42. Traduction Philippe Jaccottet, Seuil, 1957, t. II, p. 510-511.

43. Autour de 200 000 euros actuels.

44. À Michelle Porte, dans *Les Lieux de Marguerite Duras*, *op. cit.*, p. 94, Duras disait: «Le cinéma que je fais, je le fais au même endroit que mes livres. C'est ce que j'appelle *l'endroit de la passion. Là on est sourd et aveugle.* Enfin j'essaie d'être là le plus qu'il est possible. Tandis que le cinéma qui est fait pour plaire, pour divertir, le cinéma... comment l'appeler, je l'appelle le cinéma du samedi, ou bien le cinéma de la société de consommation, *il est fait à l'endroit du spectateur* et suivant des recettes très précises, *pour plaire*, pour retenir le spectateur, le temps du spectacle. Une fois le spectacle terminé, ce cinéma ne laisse rien, rien. C'est un cinéma qui s'efface aussitôt terminé. Et j'ai l'impression que *le mien commence le lendemain, comme une lecture.*»

45. Aucun film n'eut le succès de ses livres. Son fils Jean Mascolo a racheté onze longs-métrages tombés en déshérence pour les Éditions Benoît Jacob qu'il a fondées en 1998, afin d'exploiter les œuvres oubliées ou rares (littéraires et cinématographiques) de sa mère. Gérard Depardieu a racheté les bobines du *Camion*.

46. Duras a publié, en effet, dans *Le Monde*, le 27 novembre 1981, une mise en garde, ou plutôt une mise en demeure, adressée au public au cas où il ne serait pas prêt à tolérer la demi-heure de noir absolu qu'il comportait. Elle recommande à ces spectateurs-là «d'éviter complètement de voir *L'Homme*

atlantique et même de le fuir », mais aux « autres » « de le voir sans faute, de ne le manquer sous aucun prétexte ».

47. Cette position radicale et à vrai dire caricaturale ne reflète probablement pas le rapport des deux créateurs qui ont de nombreux points communs, souvent soulignés dans des études universitaires. L'ignorance que Duras professe ici à l'égard de Pasolini n'a sans doute pas toujours été aussi nette. Il semble impossible qu'elle n'ait pas vu *Uccellacci e uccellini* qui recoupe ses obsessions sur le Parti communiste, ou *Médée*, qui était si proche de sa conception de la passion et surtout faisait apparaître Maria Callas qu'elle vénérait, sans parler de films comme *Porcherie*, *La Terre vue de la Lune* ou *Théorème* qui ont une forme esthétique, un usage du symbolisme qui ne pouvaient que lui parler. On ne peut que déplorer qu'elle n'ait pas lu *L'Odeur de l'Inde* de Pasolini et ses poèmes politiques des années soixante et soixante-dix, qui rencontrent ses préoccupations d'alors. De même, plus loin, sa condamnation péremptoire et sans appel de Bergman peut sembler aberrante. Ou son diktat, qui n'est pas peu paradoxal venant d'elle, contre la parole au cinéma !

48. « L'homme tremblant », conversation entre Marguerite Duras et Elia Kazan, *Cahiers du cinéma*, n° 318, décembre 1980. Repris dans la réédition en volume du numéro *Les Yeux verts*, Cahiers du cinéma, 1987, p. 193.

49. Elle lui dit notamment : « Je suis dans votre cas. Je suis née dans les Colonies. Le lieu natal que j'ai, il est pulvérisé. Et si vous voulez, ça, ça ne me quitte jamais – le fait que l'on ne vive pas où l'on est né. [...] On a eu deux chances. La pauvreté et la distance du lieu où on a vécu après. Je considère que

c'est deux chances. Vous avez pu, vous, revenir en Turquie. Moi, il y a eu la guerre, j'ai été mariée, j'ai eu un enfant, je n'ai jamais pu et je ne reviendrai jamais dans mon pays natal. Je suis complètement séparée de mon enfance. »

50. Juin 1980, n° 312-313. Conçu par Serge Daney.

51. En 1987. Réimprimé en 2006.

52. *Les Cahiers du cinéma* ont organisé une table ronde sur le film où Godard en effet dit « Commençons par dire que c'est de la littérature » (sans citer Duras) et, en réalité, s'arrête surtout sur le travail cinématographique de Resnais : « Il y a une chose qui me gêne un peu dans *Hiroshima*, et qui m'avait également gêné dans *Nuit et Brouillard*, c'est qu'il y a une certaine facilité à montrer des scènes d'horreur, car on est vite au-delà de l'esthétique. Je veux dire que bien ou mal filmées, peu importe, de telles scènes font de toute façon une impression terrible sur le spectateur. Si un film sur les camps de concentration, ou sur la torture, est signé Couzinet, ou signé Visconti, pour moi, je trouve que c'est presque la même chose. Avant *Au seuil de la vie*, il y avait un documentaire produit par l'Unesco qui montrait dans un montage sur musique tous les gens qui souffraient sur la terre, les estropiés, les aveugles, les infirmes, ceux qui avaient faim, les vieux, les jeunes, etc. J'ai oublié le titre. Ça devait être *L'Homme*, ou quelque chose dans ce genre. Eh bien, ce film était immonde. Aucune comparaison avec *Nuit et Brouillard*, mais c'était quand même un film qui faisait de l'impression sur les gens, tout comme récemment *Le Procès de Nuremberg*. L'ennui donc, en montrant des scènes d'horreur, c'est que l'on est automatiquement dépassé par son propos, et que l'on est choqué par ces images un peu comme par des images pornographiques. Dans le fond, ce qui me choque dans

Hiroshima, c'est que, réciproquement, les images du couple faisant l'amour dans les premiers plans me font peur au même titre que celles des plaies, également en gros plans, occasionnées par la bombe atomique. Il y a quelque chose non pas d'immoral, mais d'amoral, à montrer ainsi l'amour ou l'horreur avec les mêmes gros plans. C'est peut-être par là que Resnais est véritablement moderne par rapport à, mettons, Rossellini. Mais je trouve alors que c'est une régression, car dans *Voyage en Italie*, quand George Sanders et Ingrid Bergman regardent le couple calciné de Pompéi, on avait le même sentiment d'angoisse et de beauté, mais avec quelque chose en plus.» Jean Domarchi, Jacques Doniol-Valcroze, Jean-Luc Godard, Pierre Kast, Jacques Rivette, Éric Rohmer, « Table ronde sur *Hiroshima mon amour* d'Alain Resnais», *Cahiers du cinéma*, n° 97, juillet 1959. Repris dans *Hiroshima mon amour* (*Duras écrit et Resnais filme. Hiroshima film moderne d'après l'Apocalypse. Le temps instable : passé à Nevers, présent à Hiroshima*) de Luc Lagier, Cahiers du cinéma, «Les petits cahiers», SCÉRÉN-CNDP, 2007.

53. En réalité, Resnais est allé au Japon simplement pour le tournage, une fois le scénario écrit. C'est durant le tournage qu'il a demandé des modifications ponctuelles à Duras, mais parfois il devait modifier sans attendre son accord. Dans le même livre de Luc Lagier est cité l'article que Marguerite Duras a publié dans *France-Observateur*, « Travailler pour le cinéma» (août 1958): «Je n'avais pas le temps, en neuf semaines, de faire de la littérature, Resnais le savait parfaitement. Comme il savait que je n'avais pas le temps de faire un scénario. Que je ne savais pas. Cependant, il continuait à me conseiller la littérature. Jusqu'au dernier jour il me l'a conseillée. S'il y avait à sauver la face de quelque chose, durant ce délai, Resnais

avait choisi de sauver la face littéraire de l'entreprise. » Dans un entretien publié le 9 novembre 1972, dans *Le Monde*, elle est plus précise. Elle a écrit un synopsis en quinze jours. Resnais l'approuve et, durant les sept semaines qui précèdent son départ pour le Japon, ils travaillent ensemble : « Chaque jour j'ai développé le synopsis. Resnais venait tous les jours ou tous les deux jours lire ce que j'avais écrit. Ou bien il le "voyait", ou bien il ne le voyait pas et dans ce cas-là, je recommençais jusqu'à ce qu'il le voie. Ensuite, il m'a demandé de lui décrire le film comme s'il était fait. »

54. L'équivalent de 30 000 euros actuels.

55. C'est le surnom que Marguerite Duras donnait à son fils Jean.

56. Respectivement dans *Nathalie Granger* (Jeanne Moreau et Lucia Bosè), *India Song* (Delphine Seyrig), *Des journées entières dans les arbres* (Bulle Ogier et Madeleine Renaud) et *Agatha et les lectures illimitées* (Bulle Ogier), *Le Navire Night* (Dominique Sanda), *Jaune le soleil* et *La Femme du Gange* (Catherine Sellers). Isabelle Adjani, compagne de Bruno Nuytten qui était le chef opérateur de Duras, n'était qu'une amie proche, mais n'a jamais travaillé avec elle.

57. La pièce a été créée à l'Odéon le 1er décembre 1965 dans une mise en scène de Jean-Louis Barrault et reprise dix ans plus tard le 14 octobre 1975 au Théâtre d'Orsay.

58. En 1969, Duras publiait dans *Vogue* un portrait, « Delphine Seyrig, inconnue célèbre », qui a été repris dans *Outside* (Albin Michel, 1980, P.O.L., 1984).

59. À Jeanne Moreau aussi, Duras consacre un article-entretien dans *Vogue*, en 1965, repris dans *Outside*. Rappelons que Moreau est également l'interprète du *Marin de Gibraltar*

(1967), qu'elle a enregistré un disque inspiré d'*India Song* et qu'elle a interprété Marguerite Duras dans le film tiré de *Cet amour-là* (1999) de Yann Andréa, par Josée Dayan (2001).

60. Supplément de l'hebdomadaire *L'Illustration*, contenant une pièce de théâtre.

61. Dionys Mascolo (1916-1997) a été le mari de Marguerite Duras de 1947 à 1956. C'est le père de son fils. Il travaillait comme éditeur chez Gallimard. Après un passage au Parti communiste, il a milité contre le colonialisme. Il est l'auteur de plusieurs essais (*Le Communisme*, Gallimard, 1953; *Autour d'un effort de mémoire*, Nadeau, 1998).

62. Dans *Les Yeux ouverts*, Marguerite Yourcenar déplore surtout que le roman européen ignore dans le sentiment amoureux sa dimension sacrée et que l'amour y soit présenté comme un «sentiment de vanité» (p. 75).

63. Gallimard, «Folio», 1978, p. 35.

64. Dans *Hiroshima mon amour*, «elle» dit, dans la même page: «Dévore-moi. Déforme-moi jusqu'à la laideur.»

65. *Œuvres complètes*, Gallimard, «Bibliothèque de la Pléiade», t. I, 2011, p. 1191.

66. *Ibid.*, p. 936. Dans le même roman, Sara dit aussi: «Si tu n'aimes faire l'amour qu'avec un seul homme, alors, c'est que tu n'aimes pas faire l'amour» (p. 843). Diana dit: «Tout amour vécu est une dégradation de l'amour» (p. 880).

67. *Ibid.*, p. 1258. C'est sa dernière réplique dans le roman.

68. Dans son entretien avec Pierre Bénichou et Hervé Le Masson cité plus haut (*Le Nouvel Observateur*, 14 novembre 1986), Duras déclarait: «Ce n'est pas de baiser qui compte, c'est d'avoir du désir. Le nombre de gens qui baisent sans désir, ça suffit comme ça. Toutes ces femmes écrivains en parlent si

mal, alors que c'est un monde qui vous arrive dessus! Moi, j'ai su dès l'enfance que l'univers de la sexualité était fabuleux, énorme. La suite de ma vie n'a fait que confirmer cela. »

69. «Ce visage de l'alcool m'est venu avant l'alcool. L'alcool est venu le confirmer. J'avais en moi la place de ça, je l'ai su comme les autres, mais, curieusement avant l'heure. De même que j'avais en moi la place du désir. J'avais à quinze ans le visage de la jouissance et je ne connaissais pas la jouissance. Ce visage se voyait très fort. Même ma mère devait le voir. Mes frères le voyaient. Tout a commencé de cette façon pour moi, par ce visage voyant, exténué, ces yeux cernés en avance sur les temps, les faits» (*L'Amant*, Minuit, 1984, p. 15-16).

70. On trouve dans *Les Yeux bleus, cheveux noirs* (Minuit, 1986, p. 102) des allusions à ces expériences.

71. Notamment dans son entretien avec Jérôme Beaujour, *La Vie matérielle* (P.O.L., 1987, p. 38): «Les hommes sont des homosexuels. Tous les hommes sont en puissance d'être des homosexuels, il ne leur manque que de le savoir, de rencontrer l'incident ou l'évidence qui le leur révélera. Les homosexuels le savent et le disent. Les femmes qui ont connu des homosexuels et qui les ont aimés le savent aussi et le disent d'eux-mêmes.» Elle reprend ici ce que l'homme dit à la femme dans *Les Yeux bleus, cheveux noirs*, et qu'elle résume dans l'expression «il dit la phrase de la prédication». «Tôt ou tard il serait venu à nous, ils y viennent tous, il suffit d'attendre le temps qu'il faut» (p. 92).

72. Dans *La Vie matérielle* (*op. cit.*, p. 41): «La passion de l'homosexualité c'est l'homosexualité. Ce que l'homosexuel aime comme son amant, sa patrie, sa création, sa terre, ce n'est pas son amant, c'est l'homosexualité.»

73. Duras a fait sur cette question, qui la concernait intimement étant donné ses liens avec Yann Andréa, des déclarations très contradictoires. Sans revenir sur *La Maladie de la mort* et *Les Yeux bleus, cheveux noirs* dont le centre est précisément sa passion pour un homosexuel qui est entré dans sa vie et la façon dont elle renverse un sentiment de profonde humiliation en orgueil démesuré, on peut rappeler le texte des *Yeux verts* où elle rapproche les féministes et les militants gays: «Je vois une relation entre l'homosexualité et les mouvements de femmes. Ils sont, de même, préoccupés avant tout d'eux-mêmes. Dire contre l'homosexualité même une futilité aboutit à les voir se confirmer justement dans ce séparatisme minoritaire paradoxalement douloureux et désiré. Les femmes maintenant tiennent dirait-on à garder toujours intacte, entière, leur différence avec l'homme. De même que les homosexuels veulent se tenir encore dans l'oppression ancienne, garder la distance entière entre eux et la société. Oser insinuer que les choses s'améliorent pour eux c'est leur faire une grande offense. Les homosexuels comme les femmes veulent garder ouverts les procès intentés à l'homme, à la société. Ils installent ces procès, ils en font des lieux d'appartenance, le lieu d'élection de leur martyre» (p. 182-183)

74. En 1989, il avait paru que ce lien. Après la mort de Duras, Yann Andréa a publié *Cet amour-là* (Pauvert, 1999), *Ainsi* (Pauvert, 2000), *Dieu commence chaque matin* (Bayard, 2001).

75. Dans *La Vie matérielle, op. cit.*, p. 139.

76. «Elle aurait dit: j'ai la tête pleine de vertiges et de cris. Pleine de vent.

Alors, quelquefois, par exemple, j'écris. Des pages, vous voyez» (*Le Camion, op. cit.*, p. 35).

77. Du 21 octobre 1947 au 19 juillet 1948, dans le gouvernement Paul Ramadier et le premier gouvernement Robert Schuman, et sous la présidence de Vincent Auriol.

78. « La coopération entre les deux sexes est naturelle. Nous possédons tous un instinct profond bien qu'irrationnel en faveur de la théorie selon laquelle l'union de l'homme et de la femme procure la plus grande satisfaction qui soit, le bonheur le plus complet. Cependant, voir ces deux personnes monter dans le taxi et la satisfaction que j'en ai retirée m'ont également amenée à me demander s'il y avait dans le cerveau deux sexes physiques et s'ils avaient eux aussi besoin d'être réunis afin d'éprouver un bonheur entier et plein. Je poursuivis alors en dressant en amateur un plan de l'âme, de telle sorte qu'en chacun de nous deux puissances président, l'une masculine et l'autre féminine ; ainsi, dans le cerveau de l'homme, la part masculine domine sur la part féminine, et réciproquement. L'état agréable et normal, c'est lorsque les deux vivent en harmonie, en coopérant sur le plan spirituel » (*Une pièce bien à soi*, traduit par Élise Argaud, Rivages, 2012, p. 165).

79. Duras reprend ici la formule de Samuel Taylor Coleridge (1772-1834) qui suit la citation précédente dans le texte de Virginia Woolf : « Chez l'homme, la part féminine du cerveau doit toujours avoir son mot à dire ; quant à la femme, elle doit aussi avoir des échanges avec la part masculine en elle. Coleridge voulait peut-être dire cela quand il affirme que tout grand esprit est androgyne. C'est lorsque la fusion a lieu que l'esprit est pleinement fécondé et se sert de toutes ses facultés. » Virginia Woolf fait, elle-même, une longue analyse de l'androgynie de tout esprit créateur. La citation exacte de Samuel Taylor Coleridge, en date du 1er septembre 1832,

dans ses *Talk Tables* posthumes est la suivante : « J'ai connu des esprits *forts* avec des manières imposantes, sûres d'elles, à la Cobbett, mais je n'ai jamais rencontré un *grand* esprit de ce genre. Et, pour les premiers, ils ont aussi souvent tort que raison. La vérité est qu'un grand esprit doit être androgyne. Les grands esprits – Swedenborg par exemple – n'ont jamais tort que par un effet d'avoir raison, mais de façon imparfaite. »

« I have known strong minds with imposing, undoubting, Cobbett-like manners, but I have never met a great mind of this sort. And of the former, they are at least as often wrong as right. The truth is, a great mind must be androgynous. Great minds – Swedenborg's for instance – are never wrong but in consequence of being in the right, but imperfectly. »

80. « L'homme chasse et combat. La femme s'ingénie, imagine ; elle enfante des songes et des dieux. Elle est *voyante* à certain jour ; elle a l'aile infinie du désir et du rêve. Pour mieux compter les temps, elle observe le ciel. Mais la terre n'a pas moins son cœur. Les yeux baissés sur les fleurs amoureuses, jeune et fleur elle-même, elle fait avec elles connaissance personnelle. Femme, elle leur demande de guérir ceux qu'elle aime » (*La Sorcière*, 1862, Introduction).

81. « Naissance de la tragédie », in *Marguerite Duras, op. cit.,* p. 111.

82. Dans une rencontre avec Mathilde de la Bardonnie, publiée le 18 août 1998 dans *Libération*, deux ans après la mort de sa mère, un an après celle de son père, Jean Mascolo dira : « J'ai adoré ma mère, elle m'a adoré, pendant quarante-neuf ans. Même si souvent nous avons formé un couple infernal. Mon père a été mon meilleur ami. Elle m'a appris la liberté. À sauvegarder une sauvagerie et, surtout, à faire la cuisine. »

83. Il s'agit, à l'origine, d'un film (1976) réalisé par Michelle Porte et retranscrit aux Éditions de Minuit (1978).

84. Marie Legrand, épouse Donnadieu, est morte le 23 août 1956, après la parution d'*Un barrage contre le Pacifique* et de *Des journées entières dans les arbres*, mais bien avant que Duras n'évoque l'amant chinois. Dans un texte de 1988, paru dans le volume collectif *À ma mère. 60 écrivains parlent de leur mère* (sous la direction de Marcel Bisiaux et Catherine Jajolet, Éditions Pierre Horay, 1988) et repris dans *Le Monde extérieur* (P.O.L., 1993), elle écrit : « Je crois avoir aimé ma mère plus que tout, et ça s'est défait d'un coup. Je pense que c'est lorsque j'ai eu mon enfant. Ou aussi lors du film tiré d'*Un barrage contre le Pacifique*. Elle ne voulait plus me voir alors. Finalement, elle m'a laissée rentrer chez elle en me disant : "Tu aurais dû attendre ma mort." Je n'ai pas compris, croyant à un caprice, mais pas du tout. Dans ce que nous croyions sa gloire, elle ne voyait que son échec. Ça a été une rupture et je n'ai plus fait d'efforts pour revenir vers elle parce que, de ce fait, je ne voyais plus aucune entente possible avec elle. D'autres discordes ont suivi. » Après la publication de *Des journées entières dans les arbres*, Marguerite n'a plus vu sa mère, jusqu'à sa mort.

85. Paru dans *Libération* en feuilleton tous les mercredis, pendant deux mois, du 16 juillet au 17 septembre 1980, repris aux Éditions de Minuit en 1982.

86. Dans l'album *La Mer écrite* (Marval, 1996), publié le mois même de sa mort, Duras commente des photos d'Hélène Bamberger. Ce sont des textes de l'été 1994, édités par Yann Andréa.

87. Le film a été tourné dans cette maison.

Table

Introduction Leopoldina Pallotta della Torre   7

Note du traducteur   13

La Passion suspendue   19

Une enfance   21

Les années parisiennes   33

Le parcours d'une écriture   51

Pour une analyse du texte.   69

La littérature   79

La critique.   91

Une galerie de personnages   99

Le cinéma   105

Le théâtre   129

La passion   135

Une femme   145

Les lieux   155

Notes   161

RÉALISATION : PAO ÉDITIONS DU SEUIL
IMPRESSION : CPI FIRMIN-DIDOT AU MESNIL-SUR-L'ESTRÉE
DÉPÔT LÉGAL : JANVIER 2013. N° 109639 (115491)
IMPRIMÉ EN FRANCE